LETTRES

SUR

LES OUVRAGES

ET LE CARACTERE

DE J. J. ROUSSEAU.

LETTRES SUR LES OUVRAGES ET LE CARACTÈRE DE J. J. ROUSSEAU;

PAR Mme. DE STAEL.

Publiées pour la première fois en 1788.

Vous, qui de ses écrits savez goûter les charmes,
Vous tous, qui lui devez des leçons et des larmes,
Pour prix de ces leçons et de ces pleurs si doux,
Cœurs sensibles, venez, je le confie à vous.

de Lille.

SECONDE ÉDITION.

PARIS,
CHARLES. POUGENS, Imprimeur-Libraire, rue Saint-Thomas-du-Louvre, N°. 246.

AN VI. (1798.)

AVERTISSEMENT

POUR LA SECONDE ÉDITION.

On m'a demandé de faire une nouvelle édition de cet ouvrage, je n'y ai changé que quelques mots ; sans doute il restera beaucoup de négligences dans un livre écrit à dix-huit ans ; mais il m'importoit de constater, en réimprimant ces lettres telles qu'elles étoient il y a dix ans, qu'avant la Révolution j'étois enthousiaste de toutes les idées politiques qui doivent fonder la République en France. Il faut, je le pense, persister dans l'amour de la liberté, malgré les sacrifices cruels qu'elle a coûtés ; mais on a besoin de prouver que l'on exprimoit ce sentiment à l'époque où il étoit inspiré par l'humanité la plus pure et la plus courageuse. En relisant cet écrit dont plusieurs années, dont un siècle révolutionnaire me séparent, je me suis senti pénétrée d'une profonde mélancolie ;

j'éprouvois avec toute l'énergie de la jeunesse ce qu'un long âge amène de regrets et de souvenirs. Combien d'amis immolés! Combien d'ennemis nouveaux qui prononcent avec l'accent de la haine un nom qui leur étoit alors inconnu ! En se retraçant huit années de révolution, que de pensées, que de sentimens trompent sur la durée de la vie ! Ainsi, lorsque le voyageur en Suisse fixe quelques instans ses regards sur le fleuve immense qui se précipite du haut des rochers de Schaffouse, il perd la mesure du tems, il contemple à la fois le mouvement et l'éternité des flots sans cesse renouvellés et des flots sans cesse engloutis, une direction toujours la même, une impulsion toujours aveugle; son ame s'engourdit à force de sentir, et il s'éloigne de ce spectacle, accablé par une exertion trop grande et trop rapide de ses facultés morales.

Heureux cependant encore celui qui n'éprouve pas la seule douleur contre laquelle la nature n'a point préparé de remède, le remords; et qui, certain de n'avoir jamais ni fait de mal, ni laissé échapper par crainte ou par inertie l'occasion de quelque bien, trouve en lui-même un dernier asyle où l'indépendance de sa pensée survit du moins à la perte de son bonheur !

PRÉFACE
DE LA PREMIÈRE ÉDITION,
Publiée en 1788.

Je ne connois point d'éloge de Rousseau; j'ai senti le besoin de voir mon admiration exprimée. J'aurois souhaité sans doute qu'un autre eût peint ce que j'éprouve ; mais j'ai goûté quelque plaisir encore en me retraçant à moi-même le souvenir et l'impression de mon enthousiasme. J'ai pensé que si les hommes de génie ne pouvoient être jugés que par un petit nombre d'esprits supérieurs, ils devoient accepter tous les tributs de reconnoissance. Les ouvrages qui ont pour but le bonheur du genre-humain, placent leurs auteurs au rang de ceux que leurs actions immortalisent : et quand on n'a pas vécu de leur tems, on peut être impatient de s'acquitter envers leur ombre, et de déposer sur leur tombe l'hommage que le sentiment de sa foiblesse même ne doit pas empêcher d'offrir.

Peut-être ceux dont l'indulgence daignera présager quelque talent en moi, me reprocheront-ils de m'être hâtée de traiter un sujet au-dessus même des forces que je pouvois espérer un jour. Mais qui sait si le tems ne nous ôte pas plus qu'il ne nous donne? qui oseroit prévoir les progrès de son esprit? comment consentir à s'attendre, et renvoyer à l'époque d'un avenir incertain, l'expression d'un sentiment qui nous presse? Le tems détrompe des illusions, mais il porte quelquefois atteinte à la vérité même, et sa main destructive ne s'arrête pas toujours à l'erreur. N'est-ce pas aussi dans la jeunesse qu'on doit à Rousseau le plus de reconnoissance? Celui qui a su faire une passion de la vertu, qui a consacré l'éloquence à la morale, et persuadé par l'enthousiasme, s'est servi des qualités et des défauts mêmes de cet âge, pour s'en rendre à jamais le maître.

LETTRES

SUR

LES OUVRAGES

ET LE CARACTÈRE

DE J. J. ROUSSEAU.

LETTRE PREMIÈRE.

Du style de Rousseau, et de ses premiers discours sur les sciences, l'inégalité des conditions et le danger des spectacles.

C'EST à l'âge de quarante ans que Rousseau composa son premier ouvrage; il falloit que son cœur et son esprit fussent calmés, pour qu'il pût se consacrer au travail; et tandis que la plupart des hommes ont besoin de saisir cette première flamme de la jeunesse, pour suppléer à la véritable chaleur, l'ame de Rousseau étoit consumée par un feu qui le dévora long-tems avant de l'éclairer: des idées sans nombre le dominoient tour-à-tour, il n'en pouvoit suivre aucune, parce qu'elles l'entraînoient toutes également. Il appartenoit trop aux objets extérieurs pour rentrer en lui-même ; il sentoit trop pour penser : il ne savoit pas vivre et réfléchir à-la-fois. Rousseau s'est donc voué à la méditation, quand les événemens de la vie ont eu moins d'empire sur lui, et lorsque son ame, sans objet de passion, a pu s'enflammer toute entière pour des idées et des sentimens abstraits. Il ne travailloit ni avec rapidité, ni avec facilité : mais c'étoit parce qu'il lui falloit, pour choisir entre toutes ses pensées, le tems et les efforts que les hommes médiocres emploient à tâcher d'en avoir : d'ailleurs, ses sentimens sont si profonds, ses idées si vastes, qu'on souhaite à son génie cette marche auguste et lente : le débrouillement du chaos, la création du monde, se peint à la pensée comme l'ouvrage d'une longue suite d'années ; et la puissance de son auteur n'en paroît que plus imposante.

Le premier sujet que Rousseau a traité, c'est la question sur l'utilité des sciences et des arts. L'opinion qu'il a soutenue est certainement paradoxale ; mais elle est d'accord avec ses idées habituelles ; et tous les ouvrages qu'il a donnés depuis, sont comme le développement du système dont ce discours est le premier germe. On trouve dans tous ses écrits la passion de la nature, et la haine pour ce que les hommes y ont ajouté : il semble que pour s'expliquer le mélange du bien et du mal, il l'avoit ainsi distribué. Il vouloit ramener les hommes à une sorte d'état, dont l'âge d'or de la fable donne seul l'idée, également éloigné des inconvéniens de la barbarie et de ceux de la civilisation. Ce projet sans doute est une chimère : mais les alchimistes, en cherchant la pierre philosophale, ont découvert des secrets vraiment utiles. Rousseau, de même, en s'efforçant d'atteindre à la connoissance de la félicité parfaite, a trouvé sur sa route plusieurs vérités importantes. Peut-être, en s'occupant de la question sur l'utilité des sciences et des arts, n'a-t-il pas assez observé tous les côtés de l'objet qu'il traitoit; peut-être a-t-il trop souvent lié les arts aux sciences, tandis que les effets des uns et des autres diffèrent entièrement; peut-être, en parlant de la décadence des empires, suite naturelle des révolutions politiques, a-t-il eu tort de regarder le progrès des sciences comme une cause, tandis qu'il n'étoit qu'un événement contemporain; peut-être n'a-t-il pas assez distingué dans ce discours la félicité des hommes de la prospérité des empires; car quand il seroit vrai que l'étude des connoissances auroit distrait les peuples guerriers de la passion des armes, le bonheur du genre-humain n'y auroit pas perdu : peut-être enfin, avant de décider cette question, falloit-il mieux balancer les inconvéniens et les avantages des deux partis; c'est la seule manière de parvenir à la vérité. Les idées morales ne sont jamais assez précises pour ne pas offrir des ressources à la controverse : le bien et le mal se trouvent par-tout; et celui qui ne se serviroit pas de la faculté de comparer et d'additionner, pour ainsi dire, l'un et l'autre, se tromperoit, ou resteroit sans cesse dans l'incertitude. C'est à la raison plutôt qu'à l'éloquence qu'il appartient de concilier des opinions contraires : l'esprit montre une puissance plus grande, lorsqu'il sait se retenir, se transporter d'une idée à l'autre. Mais il me semble que l'ame n'a toute sa force qu'en s'abandonnant, et je ne connois qu'un homme qui ait su joindre là chaleur à la modération, soutenir avec éloquence des opinions également éloignées de tous les extrêmes, et faire éprouver pour la raison la passion qu'on n'avoit jusqu'alors inspirée que pour les systêmes.

Le second discours de Rousseau traite de l'origine de l'inégalité des conditions : c'est peut-être de tous ses ouvrages, celui où il a mis le plus d'idées. C'est un grand effort du génie de se reporter ainsi aux simples combinaisons de l'instinct naturel. Les hommes ordinaires ne conçoivent pas ce qui est au-dessus ni au-dessous d'eux ; ils restent fixés à leur horison. On voit à chaque page combien Rousseau regrette la vie sauvage : il avoit son genre de misanthropie ; ce n'étoit pas les hommes, mais leurs institutions qu'il haïssoit : il vouloit prouver que tout étoit bien en sortant des mains du Créateur ; mais peut-être devoit-il avouer que cette ardeur de connoître et de savoir étoit aussi un sentiment naturel, don du ciel, comme toutes les autres facultés des hommes ; servant à son bonheur lorsqu'elles sont exercées ; le poursuivant douloureusement quand elles sont condamnées au repos : c'est en vain qu'après avoir tout connu, tout senti, tout éprouvé, il s'écrie : « N'allez pas plus avant ; je reviens, » et je n'ai rien vu qui valût la peine du » voyage. » Chaque homme veut être à son tour détrompé, et jamais les désirs ne furent calmés par l'expérience des autres. Il est remarquable qu'un des hommes les plus sensibles et les plus distingués par ses connoissances et son génie, ait voulu réduire l'esprit et le cœur humain à un état presque semblable à l'abrutissement ; mais c'est qu'il avoit senti plus qu'un autre toutes les peines que ces avantages, portés à l'excès, peuvent faire éprouver. C'est peut-être aux dépens du bonheur qu'on obtient ces succès extraordinaires, dus à des talens sublimes. La nature, épuisée par ces superbes dons, refuse souvent aux grands hommes les qualités qui peuvent rendre heureux. Qu'il est cruel de leur accorder avec tant de peine, de leur envier avec tant de fureur cette gloire, seule jouissance qu'il soit peut-être en leur pouvoir de goûter !

Mais avec quelle finesse Rousseau suit les progrès des idées des hommes ! comme il inspire de l'admiration pour les premiers pas de l'esprit humain, et de l'étonnement pour le concours de circonstances qui put les lui faire commencer ! comme il trace la route de la pensée, compose son histoire, et fait un effort d'imagination intellectuelle, de création abstraite au-dessus de toutes les inventions d'événemens et d'images dont les poètes nous ont donné l'idée ! comme il sait, au milieu de ces systêmes, exagérés peut-être, inspirer de justes sentimens de haine pour le vice, et d'amour pour la vertu ! Il est vrai, ses idées positives ne montrent pas, comme celles de Montesquieu, à-la-fois le mal et le remède, le but et les moyens; il ne se charge pas d'apprendre à exécuter sa pensée; mais il agit sur l'ame, et remonte ainsi plus haut à la première source. On a souvent vanté la perfection du style de Rousseau ; je ne sais pas si c'est là précisément l'éloge qu'il faut lui donner : la perfection semble consister plus encore dans l'absence des défauts, que dans l'existence de grandes beautés, dans la mesure, que dans l'abandon, dans ce qu'on est toujours, que dans ce qu'on se montre quelquefois ; enfin la perfection donne l'idée de la proportion plutôt que de la grandeur. Mais Rousseau s'élève et s'abaisse tour-à-tour ; il est tantôt au-dessous, tantôt au-dessus de la perfection même; il rassemble toute sa chaleur dans un centre, et réunit pour brûler, tous les rayons, qui n'eussent fait qu'éclairer, s'ils étoient restés épars. Cependant Rousseau joignoit à la chaleur et au génie, ce qu'on appelle précisément de l'esprit, cette faculté de saisir des rapports fins et éloignés, qui, sans reculer les bornes de la pensée, trace de nouvelles routes dans les pays qu'elle a déjà parcourus; qui, sans donner du mouvement au style, l'anime cependant par des contrastes et des oppositions. Rousseau remplit souvent, par des pensées ingénieuses, les intervalles de son éloquence, et retient ainsi toujours l'attention et l'intérêt des lecteurs. Une grande propriété de termes, une simplicité remarquable dans la construction grammaticale de sa phrase, donnent à son style une clarté parfaite : son expression rend fidèlement sa pensée; mais le charme de son expression, c'est à son ame qu'il le doit. M. de Buffon colore son style par son imagination; Rousseau l'anime par son caractère : l'un choisit les expressions, elles échappent à l'autre. L'éloquence de M. de Buffon ne peut appartenir qu'à un homme de génie; la passion pourroit élever à celle de Rousseau. Mais quel plus bel éloge peut-on lui donner, que de lui trouver, presque toujonrs et sur tant de sujets, la chaleur que le transport de l'amour, de la haine, ou d'autres passions, peuvent inspirer une fois dans la vie à celui qui les ressent? Son style n'est pas continuellement harmonieux ; mais dans les morceaux inspirés par son ame, on trouve, non cette harmonie imitative dont les poëtes ont fait usage, non cette suite de mots sonores, qui plairoient à ceux même qui n'en comprendroient pas le sens ; mais, s'il est permis de le dire, une sorte d'harmonie naturelle, accent de la passion, et s'accordant avec elle, comme un air parfait avec les paroles qu'il exprime. Il a le tort de se servir souvent d'expressions de mauvais goût; mais on voit au moins, par l'affectation avec laquelle il les emploie, qu'il connoît bien les critiques qu'on peut en faire : il se pique de forcer ses lecteurs à les approuver; et peut-être aussi que par une sorte d'esprit républicain, il ne veut point reconnoître qu'il existe des termes bas ou relevés, des rangs même entre les mots; mais s'il hasarde des expressions que le goût rejetteroit, comme il a su se le concilier par des morceaux entiers, parfaits sous tous les rapports, celui qui s'affranchit des régles, après avoir su si bien s'y soumettre, prouve au moins qu'il ne les blâme pas par impuissance de les suivre.

Un des discours de Rousseau qui m'a le plus frappée, c'est sa lettre contre l'établissement des spectacles à Genève. Il y a une réunion étonnante de moyens de persuasion, la logique et l'éloquence, la passion et la raison. Jamais Rousseau ne s'est montré avec autant de dignité; l'amour de la patrie, l'enthousiasme de la liberté, l'attachement à la morale, guident et animent sa pensée. La cause qu'il soutient, surtout appliquée à Genève, est parfaitement juste; tout l'esprit qu'il met quelquefois à soutenir un paradoxe, est consacré dans cet ouvrage à appuyer la vérité; aucun de ses efforts n'est perdu, aucun de ses mouvemens ne porte à faux; il a toutes les idées que son sujet peut faire naître, toute l'élévation, la chaleur qu'il doit exciter : c'est dans cet ouvrage qu'il établit son opinion sur les avantages qui doivent résulter pour les hommes et les femmes, de ne pas se voir souvent en société : sans doute dans une République cet usage est préférable. L'amour de la patrie est un mobile si puissant, qu'il rend les hommes indifférens, même à ce que nous appelons la gloire : mais dans les pays où le pouvoir de l'opinion affranchit seul de la puissance du maître, les applaudissemens et les suffrages des femmes deviennent un motif de plus d'émulation, dont il est important de conserver l'influence. Dans les Républiques, il faut que les hommes conservent jusqu'à leurs défauts même ; leur âpreté, leur rudesse fortifient en eux la passion de la liberté. Mais ces mêmes défauts, dans un royaume absolu, rendroient seulement tyrans tous ceux qui pourroient exercer quelque pouvoir. D'ailleurs, je hasarderai de dire, que dans une monarchie, les femmes conservent peut-être plus de sentiment d'indépendance et de fierté que les hommes : la forme des gouvernemens ne les atteint point ; leur esclavage toujours domestique est égal dans tous les pays : leur nature n'est donc pas dégradée, même dans les états despotes ; mais les hommes, créés pour la liberté civile, quand ils s'en sont ravis l'usage, se sentent avilis et tombent souvent alors au-dessous d'eux-mêmes. Mais quoique Rousseau ait tâché d'empêcher les femmes de se mêler des affaires publiques, de jouer un rôle éclatant; qu'il a su leur plaire en parlant d'elles! ah! s'il a voulu les priver de quelques droits étrangers à leur sexe, comme il leur a rendu tous ceux qui lui appartiennent à jamais! S'il a voulu diminuer leur influence sur les délibérations des hommes, comme il a consacré l'empire qu'elles ont sur leur bonheur! S'il les a fait descendre d'un trône usurpé, comme il les a replacées sur celui que la nature leur a destiné! S'il s'indigne contre elles, lorsqu'elles veulent ressembler aux hommes, combien il les adore quand elles se présentent à lui avec les charmes, les foiblesses, les vertus et les torts de leur sexe! Enfin il croit à l'amour, sa grace est obtenue; qu'importe aux femmes que sa raison leur dispute l'empire, quand son cœur leur est soumis; qu'importe même à celles que la nature a douées d'une ame tendre, qu'on leur ravisse le faux honneur de gouverner celui qu'elles aiment; non, elles préfèrent de sentir sa supériorité, de l'admirer, de le croire mille fois au-dessus d'elles, de dépendre de lui, parce qu'elles l'adorent ; de se soumettre volontairement, d'abaisser tout à ses pieds, d'en donner elles-mêmes l'exemple, et de ne demander d'autre retour que celui du cœur, dont en aimant, elles se sont rendues dignes. Cependant le seul tort qu'au nom des femmes je reprocherois à Rousseau, c'est d'avoir avancé, dans une note de sa lettre sur les spectacles, qu'elles ne sont jamais capables des ouvrages qu'il faut écrire avec de l'ame ou de la passion. Qu'il leur refuse, s'il le veut, ces vains talens littéraires qui, loin de les faire aimer des hommes, les mettent en lutte avec eux ; qu'il leur refuse cette puissante force de tête, cette profonde faculté d'attention dont les grands génies sont doués ; leurs foibles organes s'y opposent ; trop souvent occupées par leurs sentimens et par leur malheur, leur pensée ne peut se fixer sur des méditations étrangères à leur idée dominante ; mais qu'il ne les accuse pas de ne pouvoir écrire que froidement, de ne savoir pas même peindre l'amour. C'est par l'ame, par l'ame seule qu'elles sont distinguées ; c'est elle qui donne du mouvement à leur esprit, c'est elle qui leur fait trouver quelque charme dans une destinée, dont les sentimens sont les seuls événemens, et les affections les seuls intérêts; c'est elle qui les identifie au sort de ce qu'elles aiment, et leur compose un bonheur dont l'unique source est la félicité des objets de leur tendresse; c'est elle enfin qui leur tient lieu d'instruction et d'expérience, et les rend dignes de sentir ce qu'elles sont incapables de juger. Sapho, seule entre toutes les femmes, dit Rousseau, a su faire parler l'amour. Ah! quand elles rougiroient d'employer ce langage brûlant, signe d'un délire insensé, plutôt que d'une passion profonde; elles sauroient du moins exprimer ce qu'elles éprouvent; et cet abandon sublime, cette mélancolique douleur, ces sentimens tout puissans, qui les font vivre et mourir, porteroient peut-être plus avant l'émotion dans le cœur des lecteurs, que tous les transports nés de l'imagination exaltée des poètes ou des amans.

LETTRE II.

D'Héloïse.

LA profondeur des pensées, l'énergie du style, font surtout le mérite et l'éclat des divers discours dont j'ai parlé dans ma lettre précédente; mais on y trouve aussi des mouvemens de sensibilité, qui caractérisent d'avance l'auteur d'Héloïse. C'est avec plaisir que je me livre à me retracer l'effet que cet ouvrage a produit sur moi : je tâcherai surtout de me défendre d'un enthousiasme qu'on pourroit attribuer à la disposition de mon ame plus qu'au talent de l'auteur. L'admiration véritable inspire le désir de faire partager ce qu'on éprouve; on se modère pour persuader, on ralentit ses pas afin d'être suivi. Je me transporterai donc à quelque distance des impressions que j'ai reçues, et j'écrirai sur Héloïse, comme je le ferois, je crois, si le tems avoit vieilli mon cœur.

Un roman peut être une peinture des mœurs et des ridicules du moment, ou un jeu de l'imagination, qui rassemble des événemens extraordinaires pour captiver l'intérêt de la curiosité, ou une grande idée morale mise en action et rendue dramatique; c'est dans cette dernière classe qu'il faut mettre Héloïse. Il paroît que le but de l'auteur étoit d'encourager au repentir, par l'exemple de la vertu de Julie, les femmes coupables de la même faute qu'elle. Je commence par admettre toutes les critiques que l'on peut faire sur ce plan. On dira qu'il est dangereux d'intéresser à Julie; que c'est répandre du charme sur le crime, et que le mal que ce roman peut faire aux jeunes filles encore innocentes, est plus certain que l'utilité dont il pourroit être à celles qui ne le sont plus. Cette critique est vraie. Je voudrois que Rousseau n'eût peint Julie coupable que par la passion de son cœur. Je vais plus loin; je pense que c'est pour les cœurs purs seuls qu'il faut écrire la morale; d'abord peut-être perfectionne-t-elle, plutôt qu'elle ne change, guide-t-elle, plutôt qu'elle ne ramène; mais d'ailleurs, quand elle est destinée aux ames honnêtes, elle peut servir encore à celles qui ont cessé de l'être. Combien on fait rougir d'une grande faute, en peignant les remords et les malheurs que de plus

plus légères doivent causer ! Il me semble aussi que l'indulgence est la seule vertu qu'il est dangereux de prêcher, quoiqu'il soit si utile de la pratiquer. Le crime, considéré abstraitement, doit exciter l'indignation. La pitié ne peut naître que de l'intérêt qu'inspire le coupable; l'austérité doit être dans la morale, et la bonté dans son application. J'avoue donc, avec les censeurs de Rousseau, que le sujet de Clarisse et de Grandisson est plus moral; mais la véritable utilité d'un roman est dans son effet bien plus que dans son plan, dans les sentimens qu'il inspire, bien plus que dans les événemens qu'il raconte. Pardonnons à Rousseau, si, à la fin de cette lecture, on se sent plus animé d'amour pour la vertu, si l'on tient plus à ses devoirs, si les mœurs simples, la bienfaisance, la retraite, ont plus d'attraits pour nous. Cessons de condamner ce roman, si telle est l'impression qu'il laisse dans l'ame. Rousseau lui-même a paru penser que cet ouvrage étoit dangereux ; il a cru qu'il n'avoit écrit en lettres de feu que les amours de Julie ; et que l'image de la vertu, du bonheur tranquille de madame de Volmar, paroîtroit sans couleur auprès de ces tableaux brûlans.

Il s'est trompé ; son talent de peindre se retrouve par-tout ; et dans ses fictions, comme dans la vérité, les orages des passions et la paix de l'innocence agitent et calment successivement.

C'est un ouvrage de morale que Rousseau a eu intention d'écrire ; il a pris, pour le faire, la forme d'un roman : il a peint le sentiment, qui domine dans ce genre d'ouvrage ; mais s'il est vrai qu'on ne peut émouvoir les hommes sans le ressort d'une passion ; s'il est vrai qu'il en est peu qui s'enflamment par la pensée, et qui s'élèvent par sa puissance à l'enthousiasme de la vertu, sans qu'aucun sentiment étranger à elle ait donné du charme et de la vie à cet amour abstrait de la perfection ; si le langage des anges ne fait plus effet sur les hommes, un ange même ne devroit-il pas y renoncer? S'il faut, pour ainsi dire, entraîner les hommes à la vertu ; si leur imperfection force à recourir, pour les intéresser, à l'éloquence d'une passion, faut-il blâmer Rousseau d'avoir choisi l'amour? Quel autre eût été plus près de la vertu même? Seroit-ce l'ambition? toujours la haine et l'envie l'accompagnent ; l'ardeur de la gloire? ce sentiment n'est pas fait pour tous les hommes, il n'est pas même entendu par ceux qui ne l'ont jamais éprouvé. Quel théâtre et quel talent ne faut-il pas à cette passion! à qui l'inspirer, si ce n'est à ceux que rien ne peut empêcher de la ressentir! Que font les livres au petit nombre d'hommes qui dévancent l'esprit humain? Non, l'amour seul pouvoit intéresser universellement, remplir tous les cœurs, et se proportionner à leur énergie; l'amour seul enfin pouvoit devenir un mobile aussi puissant qu'utile, lorsque Rousseau le dirigeoit.

Peut-être que dans les premiers tems, les hommes ne connoissoient d'autres vertus que celles qui naissent de l'amour. L'amour peut quelquefois donner toutes celles que la religion et la morale prescrivent. L'origine est moins céleste; mais il seroit possible de s'y méprendre : quand l'objet de son culte est vertueux, bientôt on le devient soi-même; un suffit pour qu'il y en ait deux. On est vertueux, quand on aime ce qu'on doit aimer; involontairement on fait ce que le devoir ordonne : enfin, cet abandon de soi-même, ce mépris pour tout ce que la vanité fait rechercher, prépare l'ame à la vertu; lorsque l'amour sera éteint, elle y régnera seule : quand on s'est accoutumé à ne mettre de valeur à soi qu'à cause d'un autre, quand on s'est une fois entièrement détaché de soi, on ne peut plus s'y reprendre, et la piété succède à l'amour. C'est-là l'histoire la plus vraisemblable du cœur.

La bienfaisance et l'humanité, la douceur et la bonté, semblent aussi appartenir à l'amour. On s'intéresse aux malheureux ; le cœur est toujours disposé à s'attendrir : il est comme ces cordes tendues, qu'un souffle fait résonner. L'amant aimé est à-la-fois étranger à l'envie et indifférent aux injustices des hommes ; leurs défauts ne l'irritent point, parce qu'ils ne le blessent pas ; il les supporte, parce qu'il ne les sent pas : sa pensée est à sa maîtresse ; sa vie est dans son cœur : le mal qu'on lui fait ailleurs, il le pardonne, parce qu'il l'oublie ; il est généreux sans effort. Loin de moi cependant de comparer cette vertu du moment avec la véritable ; loin de moi surtout de lui accorder la même estime. Mais, je le répète encore, puisqu'il faut intéresser l'ame par les sentimens pour fixer l'esprit sur les pensées, puisqu'il faut mêler la passion à la vertu pour forcer à les écouter toutes deux, est-ce Rousseau qu'il faut blâmer? et l'imperfection des hommes ne lui faisoit-il pas une loi des torts dont on le blâme?

Je sais qu'on lui reproche d'avoir peint un précepteur qui séduit la pupille qui lui étoit confiée; mais j'avouerai que j'ai fait à peine cette réflexion en lisant la Nouvelle Héloïse. D'abord il me semble qu'on voit clairement que cette circonstance n'a pas frappé Rousseau lui-même, qu'il l'a prise de l'ancienne Héloïse; que toute la moralité de son roman est dans l'histoire de Julie, et qu'il n'a songé à peindre Saint-Preux que comme le plus passionné des hommes. Son ouvrage est pour les femmes; c'est pour elles qu'il est fait; c'est à elles qu'il peut nuire ou servir. N'est-ce pas d'elles que dépend tout le sort de l'amour? Je conviens que ce roman pourroit égarer un homme dans la position de Saint-Preux: mais le danger d'un livre est dans l'expression des sentimens qui conviennent à tous les hommes, bien plus que dans le récit d'un concours d'événemens qui, ne se retrouvant peut-être jamais, n'autorisera jamais personne. Saint-Preux n'a point le langage ni les principes d'un corrupteur ; Saint-Preux étoit rempli de ces idées d'égalité, que l'on retrouve encore en Suisse ; Saint-Preux étoit du même âge que Julie. Entraînés l'un avec l'autre, ils se rencontroient malgré eux : Saint-Preux n'employoit d'autres armes que la vérité et l'amour ; il n'attaquoit pas, il se montroit involontairement. Saint-Preux avoit aimé avant de vouloir l'être ; Saint-Preux avoit voulu mourir avant de risquer de troubler la vie de ce qu'il aimoit ; Saint-Preux combattoit sa passion : c'est là la vertu des hommes ; celle des femmes est d'en triompher. Non, l'exemple de Saint-Preux n'est point immoral ; mais celui de Julie pouvoit l'être. La situation de Julie se rapproche de toutes celles que le cœur fait naître ; et le tableau de ses torts pouvoit être dangereux, si ces remords et la suite de sa vie n'en détruisoient pas l'effet, si dans ce roman la vertu n'étoit pas peinte en traits aussi ineffaçables que l'amour.

Le tableau d'une passion violente est sans doute dangereux ; mais l'indifférence et la légéreté avec laquelle d'autres auteurs ont traité les principes, supposent bien plus de corruption de mœurs, et y contribuent davantage.

Julie coupable insulte moins à la vertu, que celle même qui la conserve sans y mettre de prix, qui n'y manque pas par calcul et l'observe sans l'aimer. Si l'indulgence étoit réservée à l'excès de la passion, l'exerceroit-on souvent? faudroit-il désespérer du cœur qui l'auroit éprouvé? Non, son ame égarée pourroit encore retrouver toute son énergie : mais n'attendez rien de celle qui s'est dégoûtée de la vertu, qui s'est corrompue lentement; tout ce qui arrive par degré est irremédiable.

Peut-être Rousseau s'est-il laissé aller à l'impulsion de son ame et de son talent : il avoit le besoin d'exprimer ce qu'il y a de plus violent au monde, la passion et la vertu en contraste et réunis. Mais voyez comme il a respecté l'amour conjugal! peut-être que, suivant le cours habituel de ses pensées, il a voulu attaquer, par l'exemple des malheurs de Julie et de l'inflexible orgueil de son père, les préjugés et les institutions sociales. Mais comme il révère le lien auquel la nature nous destine! comme il a voulu prouver qu'il est fait pour rendre heureux, qu'il peut suffire au cœur, lors même qu'il a connu d'autres délices! Qui oseroit se refuser à sa morale?

Est-il étranger aux passions ? méconnoît-il leur empire ? a-t-il acquis le droit de parler aux ames tendres, et de leur apprendre quels sont les sacrifices qui sont en leur puissance ? Qui oseroit répondre qu'ils sont impossibles, lorsque Rousseau nous apprend que la plus passionnée des femmes, que Julie en a été capable ; qu'elle a pu trouver le bonheur dans l'accomplissement de ses devoirs, et ne s'en est plus écartée jusqu'au dernier moment de sa vie ? On se croit dispensé de ressembler aux héroïnes parfaites ; on auroit honte de n'avoir pas même les vertus d'une femme coupable.

Nos usages retiennent les jeunes filles dans les couvens. Il n'est pas même à craindre que ce roman les éloigne des mariages de convenance. Elles ne dépendent jamais d'elles ; tout ce qui les environne s'occupe à défendre leur cœur d'impressions sensibles ; la vertu, et souvent aussi l'ambition de leurs parens veillent sur elles. Les hommes mêmes, bizarres dans leurs principes, attendent qu'elles soient mariées pour leur parler d'amour. Tout change autour d'elles à cette époque ; on ne cherche pas à leur exalter la tête par des sentimens romanesques, mais à leur flétrir le cœur par de froides plaisanteries sur tout ce qu'elles avoient appris à respecter. C'est alors qu'elles doivent lire Héloïse ; elles sentiront d'abord, en lisant les lettres de Saint-Preux, combien ceux qui les environnent sont loin du crime même de les aimer ; elles verront ensuite combien le nœud du mariage est sacré ; elles apprendront à connoître l'importance de ses devoirs, le bonheur qu'ils peuvent donner, lors même que le sentiment ne leur prête point ses charmes. Qui jamais l'a senti plus profondément que Rousseau ? quelle preuve plus frappante pouvoit-il en offrir ?

S'il eût peint deux amans que la destinée auroit réunis, dont toute la vie seroit composée de jours dont l'attente d'un seul eût autrefois suffi pour embellir un long espace de l'année ; qui, faisant ensemble la route de la vie, seroient indifférens sur les pays qu'ils parcoureroient ; qui adoreroient dans leur enfant une image chérie, un être dans lequel leurs ames se sont réunies, leurs vies se sont confondues ; qui accompliroient tous leurs devoirs comme s'ils cédoient à tous leurs mouvemens ; pour qui le charme de la vertu se seroit joint à l'attrait de l'amour, la volupté du cœur aux charmes de l'innocence : la piété attacheroit encore ces deux époux l'un à l'autre ; ensemble ils remercieroient l'Etre Suprême. Le bonheur permet-il d'être athée? Il est des bienfaits si grands, qu'ils donnent le besoin de la reconnoissance ; il est des bienfaits dont il seroit si cruel de ne pas jouir toujours, que le cœur cherche à se reposer sur des espérances sensibles : le hasard est une idée trop aride, qui n'a jamais pu rassurer une ame tendre. Ce ne seroit plus, comme autrefois, par un lien secret, inconnu, qu'ils tiendroient l'un à l'autre ; c'est à la face des hommes, c'est devant Dieu qu'ils auroient formé ce nœud que rien ne pourroit plus rompre ; leur nom, leurs enfans, leur demeure, tout leur rappelleroit leur bonheur, tout leur annonceroit sa durée ; chaque instant feroit naître une nouvelle jouissance. Que de détails de bonheur dans une union intime ! Ah ! si pour nous faire adorer ce lien respectable, Rousseau eût peint une telle union, sa tâche eût été facile ; mais est-ce la vertu qu'il eût prêchée? est-ce une leçon qu'il eût donnée? auroit-il été utile aux hommes, en excitant l'envie des malheureux, en n'apprenant aux heureux que ce qu'ils savent? Non, c'est un plan plus moral qu'il a suivi.

Il a peint une femme mariée malgré elle, ne tenant à son époux que par l'estime, portant au fond du cœur, et le souvenir d'un autre bonheur, et l'amour d'un autre objet; passant sa vie entière, non dans ce tourbillon du monde, qui peut faire oublier et son époux et son amant; qui ne permet à aucune pensée, à aucun sentiment de dominer en nous; éteint toutes les passions, et rétablit le calme par la confusion, et le repos par l'agitation; mais dans une retraite absolue, seule avec M. de Volmar, à la campagne, près de la nature, et disposée par elle à tous les sentimens du cœur qu'elle inspire ou retrace. C'est dans cette situation que Rousseau nous peint Julie, se faisant par la vertu une félicité à elle; heureuse par le bonheur qu'elle donne à son époux, heureuse par l'éducation qu'elle destine à ses enfans, heureuse par l'effet de son exemple sur ce qui l'entoure, heureuse par les consolations qu'elle trouve dans sa confiance en son Dieu. C'est un autre bonheur sans doute que celui que je viens de peindre; il est plus mélancolique ; on peut le goûter et verser encore quelquefois des larmes : mais c'est un bonheur plus fait pour des êtres passagers sur la terre qu'ils habitent, on en jouit, sans le regreter quand on le perd ; c'est un bonheur habituel, qu'on possède tout entier, sans que la réflexion ni la crainte ne lui ôtent rien ; un bonheur enfin, dans lequel les ames pieuses trouvent tous les délices que l'amour promet aux autres : c'est ce sentiment si pur, peint avec tant de charmes, qui rend ce roman moral ; c'est ce sentiment, qui en eût fait le plus moral de tous, si Julie nous eût offert en tous tems, non, comme disent les anciens, le spectacle de la vertu aux prises avec le malheur, mais avec la passion, bien plus terrible encore, et si cette vertu pure et sans taches n'eût pas perdu de son charme en ressemblant au repentir.

Je sais aussi que l'impression du tableau de la vie domestique de madame de Volmar, pourroit être détruite par le reproche qu'on lui fait d'avoir consenti à se marier : mais, malheur à celle qui se croiroit le courage de ne pas l'imiter ! Les droits, les volontés d'un père peuvent être oubliés loin de lui ; la passion présente efface tous les souvenirs ; mais un père à genoux plaidant lui-même sa cause ; sa puissance, augmentée par sa dépendance volontaire ; son malheur, en opposition avec le nôtre ; la prière, lorsqu'on attendoit la force, qui peut résister à ce spectacle? il suspend l'amour même. Un père qui parle comme un ami, qui émeût à-la-fois le cœur et la nature, est souverain de l'ame, et peut tout obtenir. Il reste encore à justifier Julie de ne pas avoir avoué sa faute à M. de Volmar. La révéler avant son mariage, c'étoit tenter un moyen sûr de le rendre impossible ; c'étoit tromper son père. Après qu'un lien indissoluble l'eut attaché à M. de Volmar, c'étoit risquer le bonheur de son époux, que de lui faire perdre l'estime qu'il avoit pour elle. Je ne sais pas même si le sacrifice de sa délicatesse, au repos d'un autre, n'est pas digne d'une grande admiration ; les vertus qui ne diffèrent pas des vices aux yeux des hommes, sont les plus difficiles à exercer. Se confier dans la pureté de ses intentions ; s'élever au-dessus de l'opinion, n'est-ce pas là le caractère d'un amour désintéressé pour ce qui est bien ? Cependant, comme j'aimerois le mouvement qui porteroit à tout avouer! Je le retrouve avec plaisir dans Julie, et j'applaudis à Rousseau, qui a pensé que ce n'étoit pas assez d'opposer dans la même personne la réflexion au penchant; mais qu'il falloit encore que ce fût un autre, que ce fût Claire qui se chargeât de détourner Julie de découvrir sa faute à M. de Volmar, afin que Julie conservât tout le charme de l'abandon et parût plutôt arrêtée, que capable de se retenir. Quelle que soit sur ce point l'opinion générale, au moins il est vrai, que quand Rousseau se trompe, c'est presque toujours en s'attachant à une idée morale, plutôt qu'à une autre : c'est entre les vertus qu'il choisit; et la préférence qu'il donne, peut seule être attaquée ou défendue.

Mais comment admirer assez l'éloquence et le talent de Rousseau? Quel ouvrage que ce roman! quelles idées sur tous les sujets sont éparses dans ce livre! Il paroît que Rousseau n'avoit pas l'imagination qui sait inventer une succession d'événemens nouveaux; mais combien les sentimens et les pensées suppléent à la variété des situations! ce n'est plus un roman, ce sont des lettres sur des sujets différens ; on y découvre celui qui doit faire Emile et le Contrat-Social : c'est ainsi que les Lettres Persanes annoncent l'Esprit des Lois. Plusieurs écrivains célèbres ont mis de même dans leur premier ouvrage le germe de tous les autres. On commence par penser surtout, on parcourt tous les objets avant de s'assujétir à un plan, avant de suivre une route : dans la jeunesse, les idées viennent en foule : on a peut-être dès-lors toutes celles qu'on aura; mais elles sont encore confuses : on les met en ordre ensuite, et leur nombre augmente aux yeux des autres; on les domine, on les soumet à la raison, et leur puissance devient en effet plus grande.

Quelle belle lettre pour et contre le suicide! quel puissant argument de métaphysique et de pensée! Celle qui condamne le suicide est inférieur à celle qui le défend, soit que l'horreur naturelle et l'instinct de la conscience fassent la force de cette sage opinion, plus que le raisonnement même, soit que Rousseau se sentît né pour être malheureux, et craignît de s'ôter sa dernière ressource en se persuadant lui-même.

Quelle lettre sur le duel! comme il a

combattu ce préjugé en homme d'honneur! comme il a respecté le courage ! comme il a senti qu'il falloit en être enthousiaste pour avoir le droit de le blâmer, et lui parler à genoux pour pouvoir l'arrêter! C'est Julie, je le sais, qui écrit cette lettre; mais c'est le tort de Rousseau, comme auteur de roman, c'est son mérite, comme écrivain penseur, de faire parler toujours Julie comme s'il eût parlé lui-même.

Je l'avouerai cependant, souvent je n'aime pas à reconnoître Rousseau dans Julie; je voudrois y trouver les idées, mais non le caractère d'un homme. La convenance, la modestie d'une femme, d'une femme même coupable, y manquent dans plusieurs lettres: la pudeur survit encore au crime, quand la passion l'a fait commettre. Il me semble aussi que ses sermons continuels à Saint-Preux sont déplacés; une femme coupable peut encore aimer la vertu; mais il ne lui est plus permis de la prêcher: c'est avec un sentiment de tristesse et de regret que ce mot doit sortir de sa bouche. Je ne retrancherois rien à la morale de Julie; mais je voudrois qu'elle se l'adressât à elle-même, et que le spectacle de son

son repentir fût le seul moyen qu'elle crût avoir le droit d'employer pour ramener son amant à la vertu. Je ne puis supporter le ton de supériorité qu'elle conserve avec Saint-Preux : une femme est au-dessous de son amant quand il l'a rendue coupable : les charmes de son sexe lui restent ; mais ses droits sont perdus ; elle peut entraîner, mais elle ne doit plus commander.

On a souvent agité, s'il étoit dans la nature que Julie sacrifiât le seul rendez-vous qu'elle croyoit pouvoir donner à Saint-Preux, au désir d'obtenir le congé de Claude Anet. Je crois possible qu'un acte de bienfaisance l'emporte dans son cœur, sur le bonheur de voir son amant; il peut être dans la nature de ne pas être arrêté par le premier des devoirs, et de céder à la pitié ; c'est un mouvement qui tient de la passion, qui agit comme elle à l'instant et directement sur le cœur ; il lutte avec plus de succès contre elle, que les plus importantes réflexions sur l'honneur et la vertu. Mais je trouve quelquefois dans cet ouvrage des idées bizarres en sensibilité, et je crois qu'elles viennent toutes de la tête, car le cœur ne peut plus rien inventer : il peut se servir d'expressions nouvelles ; mais tous ses mouvemens, pour être vrais, doivent être connus ; car c'est par-là que tous les hommes se ressemblent. Je ne puis supporter, par exemple, la méthode que Julie met quelquefois dans sa passion ; enfin, tout ce qui, dans ses lettres, semble prouver qu'elle est encore maîtresse d'elle-même, et qu'elle prend d'avance la résolution d'être coupable. Quand on renonce aux charmes de la vertu, il faut au moins avoir tous ceux que l'abandon du cœur peut donner. Rousseau s'est trompé, s'il a cru, suivant les règles ordinaires, que Julie paroîtroit plus modeste en se montrant moins passionnée ; non, il falloit que l'excès même de cette passion fût son excuse, et ce n'est qu'en peignant la violence de son amour, qu'il diminuoit l'immoralité de la faute que l'amour lui faisoit commettre.

Il me reste encore une critique à faire : je me hâte ; elles m'importunent. Les plaisanteries de Claire manquent à mes yeux presque toujours de goût comme de grâce : il faut, pour atteindre à la perfection de ce genre, avoir acquis à Paris cette espèce d'instinct, qui rejette, sans s'en rendre même raison, tout ce que l'examen le plus fin condamneroit; c'est à son propre tribunal qu'on peut juger si un sentiment est vrai, si une pensée est juste; mais il faut avoir une grande habitude de la société, pour prévoir surement l'effet d'une plaisanterie. D'ailleurs Rousseau étoit l'homme du monde le moins propre à écrire gaiement: tout le frappoit d'une manière profonde. Il attachoit les plus grandes pensées aux plus petits événemens, les sentimens les plus profonds, aux aventures les plus indifférentes, et la gaieté fait le contraire. Habituellement malheureux, la gaieté du caractère lui manquoit, et son esprit n'étoit pas propre à y suppléer : enfin, il est tellement fait pour la passion et pour la douleur, que sa gaieté même conserve toujours un caractère de contrainte; on s'apperçoit que c'est avec effort qu'il y est parvenu: il n'en a pas la mesure, parce qu'il n'en a pas le sentiment, et les nuages de la tristesse obscurcissent, malgré lui, ce qu'il croit des rayons de joie. Ah! qu'il pouvoit aisément renoncer à ce genre, si peu digne d'admiration! Quelle éloquence! quel talent que le sien pour transmettre et communiquer les plus violens mouvemens de l'ame!

Des idées de destin, de sort inévitable, de courroux des dieux, diminuent l'intérêt de Phèdre et de tous les amours peints par les anciens : l'héroïsme et la galanterie chevaleresques font le charme de nos romans modernes ; mais le sentiment qui naît du libre penchant du cœur, le sentiment à-la-fois ardent et tendre, délicat et passionné, c'est Rousseau qui, le premier, a cru qu'on pouvoit exprimer ses brûlantes agitations ; c'est Rousseau qui, le premier, l'a prouvé.

Que le lieu de la scène est heureusement choisi ! La nature en Suisse est si bien d'accord avec les grandes passions ! comme elle ajoute à l'effet de la touchante scène de la Meillerie ! comme les tableaux que Rousseau en fait sont nouveaux ! qu'il laisse loin derrière lui ces idylles de Gesner, ces prairies émaillées de fleurs, ces berceaux entrelacés de roses ! comme l'on sent vivement que le cœur seroit plus ému, s'ouvriroit plus à l'amour près de ces rochers qui menacent les cieux, à l'aspect de ce lac immense, au fond de ces forêts de cyprès, sur le bord de ces torrens rapides, dans ce séjour qui semble sur les confins du chaos, que dans ces lieux enchantés, fades comme les bergers qui l'habitent!

Enfin, il est une lettre moins vantée que les autres, mais que je n'ai pu lire jamais sans un attendrissement inexprimable; c'est celle que Julie écrit à Saint-Preux au moment de mourir : peut-être n'est-elle pas aussi touchante que je le pense; souvent un mot qui répond juste à notre cœur, une situation qui nous retrace ou des souvenirs, ou des chimères, nous fait illusion, et nous attribuons au talent de l'auteur cet effet de son ouvrage : mais Julie apprenant à Saint-Preux qu'elle n'a pu cesser de l'aimer, Julie que je croyois guérie, me montrant un cœur blessé plus profondément que jamais; ce sentiment de bonheur que la cessation d'un long combat lui donne; cet abandon que la mort autorise et que la mort va terminer; ces mots si sombres et si mélancoliques, *adieu pour jamais, adieu*, se mêlant aux expressions d'un sentiment créé pour le bonheur de la vie; cette certitude de mourir, qui donne à toutes ses paroles un caractère si solennel et si vrai; cette idée dominante; cet objet qui l'occupe seul au moment où la plupart des hommes concentrent sur eux-mêmes ce qu'il leur reste de pensée ; ce calme qu'à l'instant de la mort le malheur donne encore plus surement que le courage ; chaque mot de cette lettre enfin, ont rempli mon ame de la plus vive émotion.

Un vide cruel dans l'esprit et dans le cœur succède, et la fin d'une lecture qui nous intéressoit comme un événement de notre vie, et qui, sans troubler notre cœur, mettoit en mouvement tous nos sentimens et toutes nos pensées.

LETTRE III.

D'Emile.

JE vais maintenant parler de l'ouvrage qui a consacré la gloire de Rousseau ; de celui que son nom d'abord nous rappelle, et qui confond l'envie après l'avoir excitée. L'auteur d'Emile s'étoit fait connoître dans ses premiers écrits : avant même d'avoir élevé ce grand édifice, il s'en étoit montré capable ; mais l'admiration, sentiment plus qu'involontaire, puisqu'on se plaît à y résister, n'auroit peut-être pas été généralement accordée aux autres ouvrages de Rousseau, si, forcé de couronner Emile, il n'avoit pas fallu respecter par-tout la trace du talent qui sut ainsi se développer à nos yeux.

C'est un beau système que celui qui, recevant l'homme des mains de la nature, réunit toutes ses forces pour conserver en lui l'empreinte qu'il a reçue d'elle, et l'exposer au monde sans l'effacer. On répète souvent que dans la vie sociale, il est impossible ; mais je ne sais pas pourquoi l'on n'a voulu trouver la vérité que dans l'homme sauvage ; ce n'est pas le progrès des lumières, ni l'ordre civil, c'est l'erreur et l'injustice qui nous éloignent de la nature : l'homme seul ne peut atteindre à toutes les connoissances des hommes réunis pendant plusieurs siècles. Mais le fil d'Ariane conduit depuis les premiers pas jusqu'aux derniers : l'esprit juste et le cœur droit peuvent concevoir toutes les combinaisons nécessaires des devoirs et des pensées de cette vie. On croit avoir jugé les idées de Rousseau, quand on a appelé son livre un ouvrage systématique : peut-être les bornes de l'esprit humain ont-elles été assez reculées depuis un siècle, pour qu'on ait l'habitude de respecter les pensées nouvelles ; mais ne seroit-il pas possible même qu'il vînt un tems où l'on se fût tellement éloigné des sentimens naturels, qu'ils parussent une découverte, et où l'on eût besoin d'un homme de génie pour revenir sur ses pas, et retrouver la route dont les préjugés du monde auroient effacé la trace ? C'est ce sublime effort dont Rousseau s'est montré capable.

L'homme reçoit trois éducations, celle de la nature, de son précepteur et du monde ;

Rousseau a voulu confondre les deux premières ; il développe les facultés de son élève, comme ses forces physiques avec le tems ; sans rallentir ni hâter sa marche, il sait qu'il doit vivre parmi des hommes qui se sont condamnés à une existence contraire aux idées naturelles ; mais comme la loi de la nécessité est la première qu'il lui apprit à respecter, il supportera les institutions sociales comme les accidens de la nature ; et les jugemens droits, les sentimens simples qu'on lui a inspirés, guideront seulement sa conduite et soutiendront son ame. Qu'importe si, sur le théâtre du monde, il est acteur ou témoin, on ne le verra point troubler le spectacle ; et si les illusions lui manquent, les plaisirs vrais lui resteront. On se plaint des soins infinis que cette éducation exigeroit ; sans doute dans un séjour pestiféré l'on se défend avec peine de la contagion ; mais Emile enfant s'éleveroit de lui-même dans une ville habitée par des Emiles. Mais quand la moitié de la vie seroit consacrée à assurer le bonheur de celle d'un autre, y a-t-il beaucoup d'hommes qui dussent regretter cet emploi de leur tems? Enfin, si les femmes, s'élevant au-dessus de leur sort, osoient prétendre à l'éducation des hommes; si elles savoient dire ce qu'ils doivent faire; si elles avoient le sentiment de leurs actions, quelle noble destinée leur seroit réservée?

Rousseau veut qu'on développe les facultés avant d'apprendre les sciences: en effet, l'enfant dont l'esprit n'est pas au niveau de la mémoire, retiendra ce qu'il n'entend pas, et cette habitude dispose à l'erreur. J'ignore si Rousseau ne retarde pas trop le moment où l'étude doit être permise: il ne peut être fixé; les enfans diffèrent entre eux comme les hommes. Quel bon esprit on prépare à celui qui n'adopta jamais que ce qu'il a compris! Je le sais, la jeunesse efface les erreurs de l'enfance, et perd les siennes à son tour; mais celui qui, suivant son âge, n'auroit jamais cru que la vérité arriveroit à la principale époque de la vie avec un jugement inaltérable, et les idées morales, devenues pour lui comme des propositions de géométrie, s'enchaîneroient dans sa pensée depuis sa naissance jusqu'à sa mort; on ne le préserveroit pas des mouvemens des passions, mais on le garantiroit des excuses qu'elles cherchent: il pourroit être entraîné, mais jamais égaré; et s'il tomboit dans le précipice, les lumières qu'il auroit acquises, l'aideroient bientôt à s'en retirer lui-même. Que j'aime cette éducation sans ruse et sans despotisme, qui traite l'enfant comme un homme foible, et non comme un être dépendant! qui le force à l'obéissance, non en le faisant plier sous la volonté d'un gouverneur ou d'un père dont il ne connoîtroit pas les droits, et dont il haïroit l'empire, mais sous la nécessité muette, mais inflexible; sous la nécessité, éternelle puissance qui le commandera quand ses maîtres ne pourront plus rien sur lui; pouvoir qui n'avilit pas celui qui s'y soumet, et ne donne point à un homme l'habitude d'obéir aux autres hommes. L'enfance précède la vie; qu'elle en soit le tableau raccourci: le soir du jour souillé par nos fautes, un maître sévère ne vient point nous imposer des punitions qui ne naissent point d'elles; mais nos amis s'éloignent, si nous les avons blessés; mais on cesse de nous croire, si nous avons trompé. La seule ruse permise avec les enfans, c'est de les traiter comme des hommes; de faire naître autour d'eux l'expérience, en leur cachant le peu d'importance qu'on attache à leurs premiers torts, et le charme de leurs petites graces, présage de l'empire que d'autres séductions peuvent avoir un jour. Il est un genre d'expérience toutefois qu'on doit retarder le plus possible, c'est la connoissance des vices des hommes : il faut être bien fort pour braver l'exemple et supporter l'injustice. Les enfans ne doivent jamais éprouver les défauts de ceux qui les environnent. Que cette grande et dernière leçon soit réservée pour l'âge où l'on a déjà choisi sa route. La vertu n'est pas, comme la gloire, un but d'émulation ; ceux qui prétendent à l'une ne veulent point d'égaux ; ceux qui cherchent l'autre, rallentissent quelquefois leurs efforts, lorsqu'ils trouvent des compagnons de paresse. Il faut être homme pour apprendre sans danger à connoître les hommes. Il paroissoit difficile d'exciter les enfans à l'étude, sans employer les moyens ordinaires de l'éducation, sans manquer au principe qui conserve dans l'enfant la dignité de l'homme, en ne lui apprenant ni à commander ni à obéir. Rousseau s'assure de sa docilité par la dépendance de sa nature : elle l'oblige à un échange de service, premier fondement de toute société. Les connoissances sont nées du besoin des hommes; et depuis que tous les ont acquises, elles sont encore plus utiles à chacun d'eux. On peut amener une circonstance qui en fasse sentir à l'enfant la nécessité, et lui inspire aujourd'hui le désir de cette même science, dont hier il eût fallu lui commander l'étude : mais, dira-t-on, pourquoi ne pas le conduire par la reconnoissance et par la tendresse ? Le premier de ces sentimens n'est pas conçu par un enfant; il n'unit point ensemble le présent et le passé : le second doit naître de lui-même; mais son action ne développe ni le jugement ni la pensée : elle n'a pas le même empire sur tous ces jeunes cœurs, et ne leur donne point l'idée de la vie, où des relations de tous genres tirent leurs forces de la raison et de la nécessité. Rousseau se sert pour l'enfance des ressorts qui doivent mouvoir tous les âges. Avec quel soin n'interdit-il pas ces motifs d'émulation et de rivalité, qui préparent d'avance les passions de la jeunesse !

Emile n'est point un guerrier, un poete, un administrateur; c'est un homme, l'homme de la nature instruit de toutes les découvertes de la société : il voit plus loin que le sauvage, mais dans la même direction : il a ajouté des idées justes à des idées justes ; mais une erreur ne peut entrer dans sa tête. Tout le monde a adopté le systême physique d'éducation de Rousseau. Un succès certain n'a point trouvé de contradicteurs ; ses idées morales sont sur le même modèle ; aucun lien importun ne gêne les mouvemens des enfans ; la contrainte ne borne point leur liberté : Rousseau les exerce pas dégrés ; il veut qu'ils fassent eux-mêmes tout ce que leurs petites forces leur permettent ; il ne hâte point leur esprit ; il ne les fait pas arriver au résultat sans passer par la route : enfin, si la même pensée avoit créé le monde physique et le monde moral ; si l'un étoit, pour ainsi dire, le relief de l'autre, pourquoi se refuseroit-on à trouver dans l'ensemble du systême de Rousseau, la preuve de sa vérité ? Je ne sais pas si je suivrois entièrement pour mon fils la méthode de Rousseau ; peut-être ma vanité voudroit-elle le former pour un état déterminé, afin qu'il fût de bonne heure avancé dans une carrière ; au moins je me dirois : c'est ainsi qu'on doit élever l'homme ; c'est l'éducation de l'espèce, plutôt que celle de l'individu. Mais il faut l'étudier comme ces modèles de proportion, que les sculpteurs ont toujours devant les yeux, quelles que soient les statues qu'ils veulent faire. C'est l'éloquence de Rousseau qui ranima le sentiment maternel dans une certaine classe de la société ; il fit connoître aux mères ce devoir et ce bonheur ; il leur inspira le désir de ne céder à personne les premières caresses de leurs enfans ; il interdit autour d'eux les serviles respects des valets, qui leur font sentir leur rang, en leur montrant le contraste de leur foiblesse et de leur puissance ; mais il permet les tendres soins d'une mère ; ils ne gâteront point l'enfant qui les reçoit ; être servi, rend tyran ; mais être aimé, rend sensible. Qui, des mères ou des enfans, doit le plus de reconnoissance à Rousseau ? Ah ! ce sont les mères sans doute : ne leur a-t-il pas appris (comme l'écrivoit une femme, dont l'ame et l'esprit font le charme de ceux qu'elle admet à la connoître) « à retrouver dans leur enfant une » seconde jeunesse, dont l'espérance recom- » mence pour elles, quand la première s'éva- » nouit ». Ah ! tout n'est pas encore perdu pour la mère malheureuse, dont les fautes ou la destinée ont empoisonné la vie! ces jours de douleur lui ont peut-être valu l'expérience, qui préservera des mêmes peines le jeune objet de ses soins et de sa tendresse. Dans tous les portraits de Rousseau, on l'a peint couronné par des enfans. En effet, il a su rendre cet âge à son bonheur; et peut-être n'est-il que celui-là d'assuré dans la vie. Bientôt la jeunesse arrive; ce tems faussement vanté, ce tems des passions et des larmes: oui, ma fille, j'écouterai pour toi les leçons de Rousseau: son éloquente bonté te répond de mon indulgence: peut-être l'aurois-je trouvée dans mon ame; mais l'impression de ses sublimes ouvrages est si profonde, qu'on la confond avec celle de la nature même, oui, je t'assurerai des jours de bonheur, dans cet âge où l'imagination ne craint rien de l'avenir, où le moment présent compose toute la vie, où le cœur aime sans inquiétude, où le plaisir se fait sentir, tandis que la peine est encore inconnue. Le bonheur de l'enfant dépend de sa mère: hélas! un jour peut-être je te presserai vainement contre mon sein; mes caresses ne feront plus renaître le calme

dans

dans son ame. Jouis donc, jouis de ces courts instans, d'une félicité qu'on cesse de désirer en cessant de la goûter, et qui ne laisse après elle ni regrets ni repentir. Je ne veux point oublier que la jeunesse succède à l'enfance; je ne veux point que la première époque de la vie soit inutile au reste de la tienne; mais je veux la considérer comme une partie de ces années que tu dois passer sur la terre, et m'occuper d'elles pour elles. Si je meurs avant d'avoir vu le succès de mes soins, tu me devras du moins les beaux jours de ton enfance, et ce doux souvenir te fera chérir ma mémoire et respecter le génie sublime qui raffermit mon esprit dans la route que mon cœur étoit impatient de suivre.

Rousseau n'a point voulu qu'Emile fût un homme extraordinaire. Le génie et l'héroïsme sont des exceptions de la nature dont elle fait seule l'éducation. Il l'a peint tel que tous les pères peuvent espérer de rendre leur fils, en suivant le même plan; je me demanderois, pour juger de ce système, s'il est vrai que tous les effets naissent des moyens, et si ces effets sont désirables? or, il me semble que l'enfant élevé suivant les principes de Rousseau seroit

Emile, et qu'on seroit heureux d'avoir Emile pour fils. Je suis loin d'adopter le systême d'Helvétius, et d'attribuer à l'éducation seule la distance de Voltaire aux autres hommes. Les talens de l'esprit sont sans doute inégaux par la nature; mais les sentimens innés dans tous les cœurs, peuvent être développés par l'éducation; et je crois qu'elle avoit presque toujours une manière de rendre, ou plutôt de laisser à l'ame sa bonté primitive. Pour un aveugle né, combien ont perdu la vue! Je sai' qu'il paroîtra peut-être extraordinaire d'adopter le systême de Rousseau : on s'accorde pour admirer son éloquence; mais on a trouvé simple de croire que cette imagination si vive et si féconde, cette ame si passionnée, avoit acquitté la nature envers lui, et qu'un tel talent de peindre ne pouvoit être uni à la justesse d'esprit nécessaire pour tracer un plan utile. On a dit que ses opinions étoient impraticables ou fausses, afin de le ranger dans cette classe que les hommes médiocres même traitent avec dédain, ravis d'opposer le court enchaînement de leurs incontestables idées communes aux erreurs qui peuvent se rencontrer dans la suite des pensées nouvelles d'un grand génie. Moi, je ne crois pas qu'un ouvrage sur l'éducation, dont le systême est parfaitement suivi depuis la première ligne jusqu'à la dernière, et qui doit réveiller sans cesse tous nos sentimens et toutes nos idées habituelles, pût intéresser, s'il fatiguoit l'esprit par sa fausseté. Enfin, je vois adopter en détail ce plan dont on rejette l'ensemble, et je ne puis m'accoutumer à entendre juger le style sans les pensées, comme si l'effet de l'un étoit séparé de l'impression des autres, et comme s'il ne falloit pas au moins, quand tout le systême ne seroit pas juste, que les idées et les sentimens dont l'éloquence se compose, le fussent toujours. J'avouerai que pour me conformer à l'avis de la multitude, qui ne veut pas croire vraies tant de pensées neuves, vainement à chaque page j'étois de l'avis de Rousseau : à la fin du livre, je me disois : c'est surement faux ; et j'attribuois à son talent seul la persuasion dont je ne pouvois me défendre ; mais j'ai fini cependant par m'en fier assez à la réflexion, pour ne pas craindre les opinions mêmes que l'éloquence développe ; sans doute quand elle s'aide du geste et de l'accent, elle peut, à la tête des armées, dans une émeûte populaire, entraîner les hommes par tout ce qu'ils ont de sensible, et suspendre leurs autres facultés : mais dans la retraite, lorsqu'aucune passion ne nous aveugle, l'impression du talent reste, mais son illusion disparoît. Pourquoi, si je trouve que l'auteur d'Emile a raison, préférerois-je d'adopter l'opinion que je n'ai pas ? pourquoi, pour me défendre de moi, ne m'écouterois-je jamais ? et pourquoi donc enfin, effrayée par les jugemens des autres, prendrois-je le corps pour l'ombre, comme l'enfant prend l'ombre pour le corps ?

Rousseau vouloit élever la femme comme l'homme, d'après la nature, et suivant les différences qu'elle a mises entre eux : mais je ne sais pas s'il faut tant la seconder, en fortifiant, pour ainsi dire, les femmes dans leur foiblesse. Je vois la nécessité de leur inspirer des vertus que les hommes n'ont pas ; bien plus que celles de les encourager dans leur infériorité sous d'autres rapports ; elles contribueroient peut-être autant au bonheur de leur époux, si elles se bornoient à leur destinée par choix plutôt que par foiblesse, et si elles se soumettoient à l'objet de leur tendresse par amour plutôt que par besoin d'appui. Une grande force d'ame leur est nécessaire ; leurs passions et leur destinée sont en contraste dans un pays où le sort impose souvent aux femmes la loi de n'aimer jamais, où, plus à plaindre que ces pieuses filles qui se consacrent à leur Dieu, elles doivent accorder tous les droits de l'amour, et s'interdire tous les plaisirs du cœur ; ne faut-il pas un sentiment énergique de ses devoirs pour marcher isolée dans le monde, et mourir sans avoir été la première pensée d'un autre, sans avoir surtout attaché la sienne sur un objet qu'on pût aimer sans remords?

Rousseau, dira-t-on, ne s'occupoit pas des bizarres institutions de la vanité ; il n'appuyoit pas un édifice qu'il eût voulu renverser ; mais pourquoi donc a-t-il peint sa Sophie, trop foible même pour la plus heureuse situation du monde ? Comment, dans un morceau sublime d'éloquence, supplément de son ouvrage, a-t-il peint Sophie trahissant son époux ? Il a condamné lui-même son éducation ; il l'a sacrifiée au désir de faire valoir celle d'Emile, en donnant le spectacle de son courage dans la plus violente situation du cœur. Comment a-t-il pu se résoudre à nous offrir Sophie au-dessous de tout, infidèle à ce qu'elle aime ? C'est plus que foible qu'il l'a montrée. Avoit-elle besoin de force ? elle avoit épousé son amant. Ah ! pourquoi flétrir le cœur par la triste fin de l'histoire d'Emile et de Sophie ? pourquoi seconder ceux qui, ne croyant pas à la durée des sentimens, pensent qu'il est égal de commencer ou de finir par ne pas s'aimer ? pourquoi dégrader les femmes, en faisant tomber celle qui sembloit devoir être leur modèle ? Ah ! Rousseau, c'est mal les connoître ; leur cœur peut les égarer, mais leur cœur sait les défendre : aucune de celles même que la vertu seule n'arrêteroit pas, unie à ton Emile, aimée par lui, n'auroit changé la paix et le bonheur contre le désespoir et la honte ; aucune, foible même comme tu veux les élever et les peindre, ne se fût bannie du paradis terrestre, en rompant les liens d'un hymen formé par l'amour. Je ne sais pas s'il falloit montrer Emile en proie aux plus cruelles infortunes. L'influence de la vertu sur le bonheur étoit un spectacle plus utile ; il est sans doute des peines dont elle ne préserve pas ; mais il en est tant qu'elle épargne, qu'il est permis d'employer cet appât pour attirer vers elle. Mais quel charme dans tous les tableaux de cet ouvrage! Quelle finesse et quelle étendue dans les idées! Tantôt l'auteur ajoute une pensée nouvelle à un sujet qui sembloit épuisé, ou sait, par une seule, ouvrir une carrière immense à la réflexion. En voulant former un homme, il s'est nécessairement occupé de toutes les idées qui peuvent entrer dans la tête. Quelle méditation cela suppose, ou plutôt quelle originalité dans l'écrivain à qui tous les objets connus se présentent sous une forme neuve et vraie, et qui trouve presque toujours son esprit dans la nature! C'est une pensée bien heureuse d'avoir donné à un traité d'éducation la forme de l'histoire de son élève. Rien n'est étranger au but; rien ne détourne de l'idée abstraite; mais la pensée se repose, et l'attention est entraînée. Rousseau veut que des événemens de sa vie gravent dans la tête de l'enfant les vérités qu'il doit apprendre. S'il faut lui donner l'idée des droits de la propriété, son travail est détruit par Robert, possesseur du champ dont il s'est emparé; le chagrin et la colère d'Emile impriment dans son esprit le souvenir de l'explication qu'il a reçue. C'est par les sentimens de son ame que Rousseau captive son intérêt ; il traite de même le lecteur , et son ingénieuse adresse emploie le même moyen pour élever l'enfant, et retenir l'attention des hommes. Les circonstances les plus légères frappent l'imagination, et ajoutent à la vérité des tableaux. Les détails font peu d'impression quand ils rappellent des circonstances ou des personnes indifférentes ; mais lorsqu'ils tiennent à de grands sentimens , lorsqu'on a long-tems d'avance intéressé le lecteur pour Emile et pour Sophie, le cœur bat en les voyant lutter à la course ensemble , s'amuser encore, dans l'âge des passions, de ces jeunes plaisirs , et savoir unir la simplicité de l'enfance aux charmes de la jeunesse. Heureux par ce sentiment qui fait une époque des événemens les plus ordinaires de la vie, Emile ne peut lutter dans ce combat inégal; il sent sa force ; il aime la foiblesse de Sophie; et la portant au but dans ses bras, tombe à ses pieds , et se reconnoît vaincu. Cette image ravissante s'est souvent offerte à ma pensée. Rousseau , dans Héloïse , avoit peint la passion exaltée par le combat du remords, par l'ivresse de la faute; le tableau de deux amans ignorant le repentir et la crainte, s'aimant sans que l'obstacle, ce besoin des cœurs usés, soit nécessaire pour les ranimer, est peut-être un aussi grand effort du talent. La vérité, la justesse y étoient encore plus nécessaires, et des sons si doux pour émouvoir le cœur, doivent bien y répondre. Je sais qu'on peut avec raison être frappé du mauvais goût que Rousseau se permet quelquefois : il se plaît dans les contrastes, et les fait par les mots autant que par les idées; on pourroit blâmer un tel systême, la pensée doit voir les extrêmes, mais non l'imagination; l'impression du dégoût qu'elle en reçoit, ne rend pas la vérité plus sensible, et déplaît inutilement. On a quelquefois accusé Rousseau d'exagération et de fausse chaleur; j'avouerai qu'en ne trouvant pas toujours toutes ses idées justes, en n'étant pas toujours émue par tous ses mouvemens, il m'a paru constamment naturel; il diffère des autres, mais c'est pour lui, non pour eux qu'il parle. On a pu le juger fou dans quelques pages, mais rien n'est plus loin de l'affectation; sa folie, si l'on doit employer ce mot, est l'exaltation de tout ce qui est bien ; ce sont des idées qui n'ont pas été, pour ainsi dire, raccordées avec les hommes, mais qui seroient vraies abstraitement. Comment ne pas adorer son amour pour la vertu, sa passion pour la nature ! il ne l'a pas peinte comme Virgile, mais il l'a gravée dans le cœur, et l'on se rappelle ses sentimens et ses pensées en revoyant les lieux qu'il a parcourus, les sites qu'il préféroit.

Quel écrivain que Rousseau ! On a souvent parlé du danger de l'éloquence; mais je la crois bien nécessaire quand il faut opposer la vertu à la passion ; elle fait naître dans l'ame ces mouvemens qui décident seuls du parti que l'on prend ; il semble que la raison s'offre long-tems à l'esprit avant que le cœur en reçoive l'impression ; mais lorsqu'il l'éprouve, on n'a plus besoin de réflexions ; on va de soi-même, on est entraîné ; c'est l'éloquence seule qui peut ajouter cette force d'impulsion à la raison, et lui donner assez de vie pour lutter à force égale contre les passions; mais, heureux Emile, si celui qui veille sur sa destinée le préserve des combats avec lui-même, et ne le place pas dans ces cruelles situations qui naissent de la société, et s'opposent à la nature ! Puisse-t-il suivre l'intention de la Providence, qui n'a rien ordonné à l'homme que pour sa félicité, même sur cette terre, et ne lui fit une loi de la vertu que pour assurer son bonheur, en ne le laissant pas dépendre des bornes de sa propre intelligence, et suppléer par l'obéissance aux lumières de sa raison ! On reproche à Rousseau de donner trop tard à son élève la connoissance d'un Dieu ; cette vérité de sentiment pourroit être connue avant le développement des facultés de l'esprit. Je ne sais pas cependant si ce superbe mot de l'énigme du monde ne frapperoit pas davantage celui qui ne l'apprendroit qu'en le concevant. On a souvent remarqué que les merveilles de tous les jours n'excitoient plus notre étonnement. Une grande idée qu'un enfant met à son niveau, qu'il rapproche de ce qu'il connoît, qu'il confond avec toutes les petites pensées de son âge, est moins auguste à ses yeux que si, pour la première fois, elle répandoit des torrens de lumière sur les ténèbres de l'univers. Rousseau croyoit à l'existence de Dieu, par son esprit et par son cœur. Quelle est belle sa lettre à l'archevêque de Paris ! Quel avantage la vraie philosophie n'a-t-elle pas sur la plupart des sectes religieuses, quand elle ne tente pas d'ébranler les éternelles bases de toute croyance ? Quel chef-d'œuvre d'éloquence dans le sentiment, de métaphysique dans les preuves, que la profession de foi du vicaire savoyard ! Rousseau étoit le seul homme de génie de son tems qui respectât les pieuses pensées dont nous avons tant de besoin ; il consulte l'instinct naturel, et consacre ensuite toute la force de la réflexion à le prouver à sa raison. La philosophie rejette ces persuasions intimes, involontaires, qui ne sont point nées du calcul et de la méditation de l'esprit. Mais, que j'aime mieux celui qui leur prête l'appui de ses pensées, tâche de les fortifier en moi ; et loin d'opposer ma raison à mon instinct, cherche à les réunir pour faire pencher la balance et cesser le combat. La profession de foi du vicaire savoyard étoit justement admirée comme une suite de raisonnemens forts et profonds, qui formoient un ensemble d'opinions que l'on adoptoit avec transport au milieu des égaremens des fanatiques et des athées. Mais cet ouvrage n'étoit que le précurseur de ce livre, époque dans l'histoire des pensées, puisqu'il en a reculé l'empire; de ce livre qui semble anticiper sur la vie à venir, en devinant les secrets qui doivent un jour nous être dévoilés; de ce livre que les hommes réunis pourroient présenter à l'Être suprême, comme le plus grand pas qu'ils ont fait vers lui; de ce livre que le nom de son auteur consacre en le mettant à l'abri du dédain de la médiocrité, puisque c'est le plus grand administrateur de son siècle, le génie le plus clair et le plus juste, qui a demandé d'être écouté sur ce qu'on vouloit rejeter comme obscur et comme vague; de ce livre dont la sensibilité majestueuse et sublime peint l'auteur aimant les hommes, comme l'ange gardien de la terre doit les chérir. Pardonne-moi, Rousseau, mon ouvrage t'est consacré, et cependant un moment, un autre est devenu l'objet de mon culte! N'importe, Rousseau lui-même m'approuveroit; il savoit admirer; et n'écrivant jamais que pour céder à l'impulsion de son ame, les vaines jalousies n'entroient point dans son cœur. Il auroit eu besoin de louer celui que je n'ose nommer, celui dont je m'approche sans crainte, quand je ne vois en lui que l'objet de ma tendresse; mais qui me pénètre plus que personne de respect, quand je le contemple à quelque distance; enfin, celui que la postérité, comme son siècle, désignera par tous les titres du génie, mais que mon destin et mon amour me permettent d'appeler mon père.

LETTRE IV.

Sur les ouvrages politiques de Rousseau.

De tous les objets offerts à la méditation, la constitution des gouvernemens est sans doute le plus important comme le plus difficile à connoître. Le législateur qui sauroit former un corps politique, lier ses membres par un intérêt commun et immuable, rassembler dans sa pensée tout ce que le choc des passions des hommes, la réunion de leurs facultés, l'influence des climats, la puissance des empires voisins pourroient jamais produire d'inconvéniens ou d'avantages; celui qui sauroit contenir et diriger par des lois faites pour durer toujours, le peuple qui seroit soumis à son génie, auroit conçu le plus grand projet que l'on puisse croire possible, et se seroit associé, pour ainsi dire, à la gloire de la création du monde, en donnant à ses habitans des lois universelles et nécessaires, comme celles de la nature; mais l'esprit humain n'a point fait en un moment le pas immense de l'état sauvage à l'état civil;

les idées se sont lentement développées ; les circonstances ont quelquefois fait naître des institutions si heureuses, que la pensée doit en envier la gloire au hasard. La plupart des gouvernemens se sont formés par la suite des tems et des événemens, et souvent la connoissance de leur nature et de leur principe a plutôt suivi que précédé leur établissement. L'ouvrage donc qui nous fait bien connoître les premières bases du contrat social, qui fixe les vrais fondemens de toute puissance légitime, est aussi utile que digne d'admiration; tel est le plan et le but du livre de Rousseau; il démontre qu'aucune convention ne peut subsister, qui soumette l'intérêt général à l'intérêt particulier; qu'il est insensé de croire qu'une nation doive obéir à des lois qui sont contraires à son bonheur, et que sans son consentement, aucun gouvernement puisse être établi ni maintenu; que la dépendance du plus fort, à l'égard du plus foible, est contraire à la raison comme à la nature, et qu'enfin l'idée d'un état despotique est encore plus absurde que révoltante ; mais ce gouvernement excepté (les monstres ne sont pas comptés parmi les hommes), il n'en est point que Rousseau ne justifie ;

justifie; il remonte à l'origine de toute autorité sur la terre, et prouve même que la monarchie, établie par la volonté générale, fondée sur des lois que la nation seule a le droit de changer, est un gouvernement aussi légitime et peut être meilleur que les autres. J'oserai blâmer Rousseau, cependant, de ne pas regarder comme libre la nation qui a ses représentans pour législateurs, et d'exiger l'assemblée générale de tous les individus. L'enthousiasme est permis dans les sentimens, mais jamais dans les projets; les défenseurs de la liberté doivent se préserver de l'exagération. Ses ennemis seroient si heureux de la croire impossible! Le plan de l'ouvrage de Montesquieu est sans doute plus étendu que celui du Contrat Social; toutes les lois qui ont été faites y sont examinées, et mille biens de détail peuvent résulter encore de ce livre si remarquable par les idées générales; mais Rousseau ne s'est occupé que de la constitution politique des états, de celui qui a le pouvoir de donner des lois, non des lois elles-mêmes. Montesquieu est plus utile aux sociétés formées, Rousseau le seroit davantage à celles qui voudroient se rassembler pour la première fois; la plupart des vérités qu'il développe sont spéculatives. On doit, j'en conviens, accorder plus d'admiration à celui qui crée un systême, même imparfait, mais possible, qu'au philosophe qui, luttant contre la nature seule des choses, offre un plan sans défauts à l'imagination; mais peut-être faut-il avoir administré soi-même, pour renoncer au bien idéal, pour se résoudre à placer le mieux qu'on peut obtenir, à côté du mal qu'on doit supporter, pour se borner à faire lentement quelques pas vers le but qu'on atteint si rapidement par la pensée. Enfin, peut-être faut-il avoir observé de près le malheur des peuples, pour regarder encore comme une gloire suffisante, le léger adoucissement que l'on apporte à leurs maux. Qu'on place donc au-dessus de l'ouvrage de Rousseau, celui de l'homme d'état dont les observations auroient précédé les résultats, qui seroit arrivé aux idées générales par la connoissance des faits particuliers, et qui se livreroit moins en artiste à tracer le plan d'un édifice régulier, qu'en homme habile à réparer celui qu'il trouveroit construit. Mais qu'on accorde cependant un grand tribut de louanges à celui qui nous a fait connoître tout ce qu'on peut obtenir par la méditation, et qui s'étant saisi d'une grande idée, l'a suivie dans toutes ses conséquences jusqu'à sa source la plus reculée. Rousseau emprunte la méthode des géomètres, pour l'appliquer à l'enchaînement des idées ; il soumet au calcul les problêmes politiques ; il me semble qu'il fait admirer également la force de sa tête, soit par ses raisonnemens, soit par la forme de ces raisonnemens mêmes. La conception de la haute métaphysique ne demande pas une puissance d'attention surnaturelle; comme les bornes n'en sont pas connues, la précision n'y est pas nécessaire; mais quand on veut traiter d'une manière abstraite des sujets dont la base est réelle, c'est alors que toutes les facultés humaines peuvent à peine suffire pour s'élever sans perdre son objet de vue, et décrire dans le ciel le cercle qui doit être répété sur la terre. Mais ce n'étoit point assez d'avoir démontré les droits des hommes ; il falloit, et c'étoit surtout là le talent de Rousseau ; il falloit, dans tous ses ouvrages, leur faire sentir le prix qu'ils doivent y attacher. Peut-être est-il quelquefois impossible au génie de transmettre toutes ses idées à tous les esprits ;

mais il faut qu'il entraîne par son éloquence; c'est elle qui doit émouvoir et persuader également tous les hommes. Les vérités auxquelles la pensée seule peut atteindre, ne se répandent que lentement, et le tems est nécessaire pour achever la persuasion universelle; mais les vérités de sentiment, ces vérités que l'ame doit saisir, malheur au talent qui n'enflamme pas pour elles à l'instant qu'il les présente!

Je l'ai aimée aussi, cette liberté qui ne met entre les hommes d'autre distinction que celles marquées par la nature; et m'exaltant avec l'auteur des Lettres de la Montagne, je la voulois telle qu'on la conçoit sur le sommet des Alpes, ou dans leurs vallées inaccessibles. Maintenant un sentiment plus fort, sans être contraire, suspend toutes mes idées; j'attends ce que la France va bientôt ordonner d'elle. Vous, grande nation, dans peu rassemblée pour consulter sur vos droits; étonnée de vous retrouver après deux siècles, et peu faite encore, peut-être, à l'exercice du pouvoir que vous avez obtenu de nouveau, ne vous défiez pas de la raison, et puisque la succession d'événemens qui ont agité ce royaume, depuis deux années, vous ont enfin amenée à devoir au progrès seul des lumières les avantages que les nations n'ont jamais acquis que par des flots de sang; n'effacez point le sceau de raison et de paix que le destin veut apposer sur votre constitution; et quand l'accord unanime vous permet de compter sur le but que vous voulez atteindre, prétendez à la gloire de l'obtenir sans l'avoir passé : et toi, Rousseau, grand homme si malheureux, qu'on ose à peine te regretter sur cette terre, que tes larmes ont tant de fois arrosée! Que n'es-tu le témoin du spectacle imposant que va donner la France, d'un grand événement préparé d'avance, et dont, pour la première fois, le hasard ne se mêlera point? C'est-là, peut-être, c'est-là que les hommes te paroîtroient plus dignes d'estime! Ou je me trompe, ou nulle passion personnelle ne doit maintenant les animer. Ils ne mettront en commun que ce qu'ils ont de céleste. Ah! Rousseau, quel bonheur pour toi, si ton éloquence se fût fait entendre dans cette auguste assemblée! Quelle inspiration pour le talent, que l'espoir d'être utile! Quelle émotion différente, quand la pensée cessant de retomber sur elle-même, peut voir au-devant d'elle un but qu'elle peut atteindre, une action qu'elle produira ! Les peines du cœur seroient suspendues, dans de si grandes circonstances ; l'homme occupé des idées générales disparoît à ses propres yeux. Renais donc, ô Rousseau ! Renais donc de ta cendre ! Parois, et que tes vœux efficaces encouragent dans sa carrière, celui que la France a nommé son ange tutélaire, et qui n'a vu dans ses transports pour lui, que ses devoirs envers elle ; celui que tous doivent seconder, comme s'ils secouroient la chose publique ; enfin, celui qui devoit avoir un juge, un admirateur, un concitoyen comme toi !

LETTRE V.

Sur le goût de Rousseau pour la Musique et la Botanique.

ROUSSEAU a écrit plusieurs ouvrages sur la musique; il aima toute sa vie cet art avec passion. Le Devin du Village annonce même du talent pour la composition. Il vouloit faire adopter en France les mélodrames; il en donna Pigmalion pour exemple; peut-être ce genre ne devroit-il pas être rejeté. Quand les paroles succèdent à la musique, et la musique aux paroles, l'effet de l'une et de l'autre est plus grand; elles se servent mieux quand elles ne sont pas forcées d'aller ensemble. La musique exprime les situations, et les paroles les développent. La musique pourroit se charger de peindre les mouvemens au-dessus des paroles, et les paroles des sentimens trop nuancés pour la musique; mais quelle éloquence dans le monologue de Pigmalion! Comme l'on trouve vraisemblable que la statue s'anime à sa voix! Comme l'on seroit tenté de croire que les dieux ne sont pour rien dans ce miracle !

Rousseau a fait pour plusieurs romances des airs simples et sensibles, de ces airs qui s'allient si bien avec la situation de l'ame, et que l'on peut chanter encore quand on est malheureux. Il en est quelques-uns qui me sembloient national; je me croyois, en les entendant, transportée sur le sommet de nos montagnes, lorsque le son de la flûte du berger se prolonge lentement au loin, par les échos qui successivement le répètent. Ils me rappeloient cette musique plutôt calme que sombre, qui se prête aux sentimens de celui qui l'écoute, et devient pour lui l'expression de ce qu'il éprouve. Quel est l'homme sensible que la musique n'a jamais ému? l'infortuné, lorsqu'il peut l'écouter, obtient par elle la douceur de répandre des larmes, et la mélancolie succède à son désespoir : pendant qu'on l'entend, ses sensations suffisent à l'esprit comme au cœur, et n'y laissent pas de vide. Il est des airs qui mettent un moment dans l'extase; les ravissemens au ciel sont toujours précédés du chœur des anges. Que la musique retrace puissamment les souvenirs!

Comme elle en devient inséparable ! Quel homme agité par les passions de la vie, entendit sans émotion l'air qui, dans sa paisible enfance, animoit ses danses et ses jeux ? Quelle femme, lorsque le tems a flétri sa beauté, peut écouter sans verser des larmes, la romance que son amant chantoit jadis pour elle ? L'air de cette romance, plus encore que ses paroles, renouvelle dans son cœur les mouvemens de sa jeunesse ; l'aspect des lieux, des objets qui nous entouroient, aucune circonstance accessoire ne se lie aux événemens de la vie comme la musique ; les souvenirs qui nous viennent par elle ne sont point accompagnés de regrets ; elle rend un moment les plaisirs qu'elle retrace ; c'est plutôt ressentir que se rappeler. Rousseau n'aimoit que les airs mélancoliques ; à la campagne, c'est ce genre de musique que l'on souhaite. La nature entière semble accompagner les sons plaintifs d'une voix touchante. Il faut avoir une ame douce et pure pour sentir ces jouissances. Un homme agité par le souvenir de ses fautes, ne pourroit supporter la rêverie dans laquelle une musique sensible plonge. Un homme tourmenté par des remords déchirans, ne pourroit aimer à se rapprocher ainsi de lui-même, à distinguer tous ses sentimens, à les éprouver tous, lentement et successivement. Je suis porté à me confier à celui que la musique, les fleurs et la campagne ravissent. Ah! le penchant au vice naît sans doute dans le cœur de l'homme; car toutes les sensations qu'il reçoit par les objets qui l'environnent, l'en éloignent. Je ne sais, mais souvent à la fin d'un beau jour, dans des retraites champêtres, à l'aspect d'un ciel étoilé, il me sembloit que le spectacle de la nature parloit à l'ame, de vertu, d'espérance et de bonté.

Rousseau s'est long-tems occupé de la botanique; c'est une manière de s'intéresser en détail à la campagne. Il avoit adopté un systême qui prouve encore, peut-être, combien il trouvoit que le souvenir même des hommes gâtoit le plaisir que la contemplation de la nature fait éprouver. Il distinguoit les plantes par leur forme, et jamais par leur propriété; il lui sembloit que c'étoit les dégrader, de ne les considérer que sous le rapport de l'utilité dont elles peuvent être aux hommes. Il ne me paroît pas, je l'avoue, que cette opinion doive être adoptée; ce n'est pas avilir les ouvrages du Créateur, que de les croire destinés à une cause finale; et le monde paroît plus imposant et plus majestueux à celui qui n'y voit qu'une seule pensée; mais l'imagination poétique et sauvage de Rousseau, ne pouvoit supporter de lier à l'image d'un arbuste ou d'une fleur, ornement de la nature, le souvenir des maux et des infirmités des hommes. Avec quel charme il peint, dans ses Confessions, ses transports en revoyant de la pervenche! comme elle lui retraçoit tout ce qu'il avoit éprouvé jadis! elle produisoit sur lui l'effet de cet air que l'on défend de jouer aux Suisses hors de leur pays, dans la crainte qu'ils ne désertent. Cette pervenche pouvoit lui inspirer la passion de retourner dans le pays de Vaux; une seule circonstance semblable lui rendoit présens tous ses souvenirs. Sa maîtresse, sa patrie, sa jeunesse, ses amours; il retrouvoit tout, il ressentoit tout à-la-fois.

LETTRE VI.

Sur le caractère de Rousseau.

Je n'ai point commencé par peindre le caractère de Rousseau. Il n'a écrit ses confessions qu'après ses autres ouvrages ; il n'a sollicité l'attention des hommes pour lui-même, qu'après avoir mérité leur reconnoissance, en leur consacrant pendant vingt ans son génie. J'ai suivi la marche qu'il m'a tracée, et c'est par l'admiration que ses écrits doivent inspirer, que je me suis préparée à juger son caractère, souvent calomnié, souvent peut-être trop justement blâmé. Je cherche à ne pas le trouver en contraste avec ses ouvrages ; je ne puis réunir le mépris et l'admiration ; je ne veux pas croire, surtout, que dans les écrits, le sceau de la vérité puisse être imité par l'esprit, et qu'il ne reste pas aux cœurs purs et sensibles, des signes certains pour se reconnoître. Je vais donc essayer de peindre Rousseau ; mais j'en croirai souvent ses Confessions. Cet ouvrage n'a pas sans doute ce caractère d'élévation qu'on souhaiteroit à l'homme qui parle de lui-même, ce caractère qui fait pardonner la personnalité, parce qu'on trouve simple que celui qui le possède, soit important à ses yeux comme aux nôtres; mais il me semble qu'il est difficile de douter de sa sincérité; on cache plutôt qu'on n'invente les aveux que les Confessions contiennent. Les événemens qui y sont racontés, paroissent vrais dans tous les détails. Il y a des circonstances que l'imagination ne trouveroit jamais. D'ailleurs, Rousseau avoit un sentiment d'orgueil qui répond de la véracité de ses mémoires. Il se croyoit le meilleur des hommes; il eût rougi de penser qu'il avoit besoin pour se montrer à eux, de dissimuler une seule de ses fautes. Enfin, je trouve qu'il a écrit ses mémoires plutôt pour briller comme historien, que comme héros de l'histoire. Il s'est plus occupé du portrait que de la figure; il s'est observé; il s'est peint comme s'il s'étoit servi de modèle à lui-même; je suis sure que son premier désir étoit de se faire ressemblant. Je pense donc qu'on peut peindre Rousseau d'après ses Confessions, comme si l'on avoit vécu long-tems avec lui; car, en étudiant ce qu'il dit, on peut se permettre de ne pas penser comme lui. Le jugement d'un homme sur son propre caractère, le fait connoître, même alors qu'on ne l'adopte pas.

Rousseau devoit avoir une figure qu'on ne remarquoit point quand on le voyoit passer, mais qu'on ne pouvoit jamais oublier quand on l'avoit regardé parler; de petits yeux qui n'avoit pas un caractère à eux, mais recevoient successivement celui des divers mouvemens de son ame; ses sourcils étoient fort avancés; ils sembloient faits pour servir sa sauvagerie, pour le garantir de la vue des hommes: il portoit presque toujours la tête baissée, mais ce n'étoit point la flatterie ni la crainte qui l'avoit courbée; la méditation et la mélancolie l'avoient fait pencher comme une fleur que son propre poids ou les orages ont inclinée. Lorsqu'il se taisoit, sa physionomie n'avoit point d'expression; ses affections et ses pensées ne se peignoient sur son visage que quand il se mêloit à la conversation; lorsqu'il gardoit le silence, elles se retiroient dans la profondeur de son ame; ses traits étoient communs; mais quand il parloit, ils étinceloient tous; il ressembloit à ces dieux qu'Ovide nous peint quelquefois quittant par degrés leur déguisement terrestre, et se faisant reconnoître enfin aux rayons éclatans que lançoient leurs regards.

Son esprit étoit lent, et son ame ardente; à force de penser, il se passionnoit; il n'avoit pas de mouvemens subits apparens, mais tous ses sentimens s'accroissoient par la réflexion. Il lui est peut-être arrivé de devenir amoureux d'une femme, à la longue, en s'occupant d'elle pendant son absence; elle l'avoit laissé de sang-froid; elle le retrouvoit tout de flamme; quelquefois aussi il vous quittoit vous aimant encore; mais si vous aviez dit une seule parole qui pût lui déplaire, il se la rappeloit, l'examinoit, l'exagéroit, y pensoit pendant huit jours, et finissoit par se brouiller avec vous; c'est ce qui rendoit presqu'impossible de le détromper. La lumière qui lui venoit tout-à-coup, ne détruisoit pas des erreurs si lentement et si profondément gravées dans son cœur. Il étoit aussi bien difficile de rester pendant long-tems très-lié avec lui; un mot, un geste faisoit le sujet de ses plus profondes méditations; il enchaînoit les plus petites circonstances comme des propositions de géométrie, et il arrivoit à ce qu'il appeloit une démonstration. Je crois que l'imagination étoit la première de ses facultés, et qu'elle absorboit même toutes les autres. Il rêvoit plutôt qu'il n'existoit, et les événemens de sa vie se passoient dans sa tête, plutôt qu'au dehors de lui. Cette manière d'être sembloit devoir éloigner de la défiance, puisqu'elle ne permettoit pas même l'observation; mais elle ne l'empêchoit pas de regarder, et faisoit seulement qu'il voyoit mal. Il avoit une ame tendre; comment en douter, lorsqu'on a lu ses ouvrages? mais son imagination se plaçoit quelquefois entre ses affections et sa raison, et détruisoit leur puissance; s'il paroissoit quelquefois insensible, c'est qu'il n'appercevoit pas les objets tels qu'ils étoient, et son cœur eût été plus ému que le nôtre, s'il avoit eu les mêmes yeux que nous. Le plus grand reproche qu'on puisse faire à sa mémoire, celui qui ne trouvera point de défenseur, c'est d'avoir abandonné ses enfans; eh bien, ce même homme eût été cependant capable de donner les plus grands exemples d'amour paternel, d'exposer sa vie vingt fois pour conserver la leur, s'il n'eût pas été convaincu qu'il leur épargnoit les plus grands crimes en leur

leur laissant ignorer le nom de leur père ; s'il n'eût pas cru qu'on vouloit en faire de nouveaux Séïdes. L'indigne femme qui passoit sa vie avec lui, avoit appris assez à le connoître pour savoir le rendre malheureux, et le récit qu'on m'a fait des ruses dont elle se servoit pour accroître ses craintes, pour le rendre certain de ses doutes, pour seconder ses défauts, est à peine croyable (1).

Rousseau n'étoit pas fou ; mais une faculté de lui-même, l'imagination, étoit en démence ; il avoit une grande puissance de raison sur les matières abstraites, sur les objets qui n'ont de réalité que dans la pensée, et une

---

(1) Un Génevois, qui a vécu avec Rousseau pendant les vingt dernières années de sa vie, dans la plus grande intimité, m'a peint souvent l'abominable caractère de sa femme. Les sollicitations atroces que cette mère dénaturée lui fit pour mettre ses enfans à l'hôpital, ne cessant de lui répéter que tous ceux qu'il croyoit ses amis, s'efforceroient d'inspirer à ses enfans une haine mortelle contre lui ; tâchant enfin de le remplir, par ses calomnies et ses feintes frayeurs, de douleur et de défiance. C'est une grande folie sans doute d'écouter et d'aimer une telle femme ; mais cette folie supposée, toutes les autres sont vraisemblables.

extravagance absolue sur tous ceux dont la mesure est prise au-dehors de nous ; il avoit de tout une trop grande dose ; à force d'être supérieur, il étoit près d'être fou. C'étoit un homme fait pour vivre dans la retraite avec un petit nombre de personnes d'un esprit borné, afin que rien n'ajoutât à son agitation intérieure, et qu'il fût environné de calme. Il étoit bon ; les inférieurs l'adoroient ; ce sont eux qui jouissent surtout de cette qualité ; mais Paris l'avoit troublé. Il étoit né pour la société de la nature, et non pour celle d'institution. Tous ses ouvrages expriment l'horreur qu'elle lui inspiroit ; il lui fut impossible, ni de la comprendre, ni de la supporter ; c'étoit un sauvage des bords de l'Orénoque, qui se fût trouvé heureux de passer sa vie à regarder couler l'eau. Il étoit né contemplatif, et la rêverie faisoit son bonheur suprême ; son esprit et son cœur, tour-à-tour, s'emparoient de lui. Il vivoit dant sa pensée ; le monde passoit doucement sous ses yeux ; la religion, les hommes, l'amour, la politique l'occupoient successivement ; après s'être promené seul tout le jour, il revenoit calme et doux. Les méchans gagnent-ils à rester avec eux-mêmes ? On ne peut pas dire cependant que Rousseau étoit vertueux, parce qu'il faut des actions et de la suite dans ces actions pour mériter cet éloge ; mais c'étoit un homme qu'il falloit laisser penser sans en rien exiger de plus, qu'il falloit conduire comme un enfant, écouter comme un oracle, dont le cœur étoit profondément sensible, et qu'on devoit ménager, non avec les précautions ordinaires, mais avec celles qu'un tel caractère exigeoit ; il ne falloit pas s'en fier à sa propre innocence. Rousseau avoit, moins que personne, le divin pouvoir de lire dans les cœurs ; il falloit s'occuper de se montrer ce qu'on étoit, de mettre en dehors ce qu'on sentoit pour lui. Je sais qu'on dira que ce n'est pas là la plus noble manière d'aimer ; mais moi, je trouve qu'en sentiment, il n'y a qu'une règle, c'est de rendre heureux l'objet de nos affections ; toutes les autres sont plutôt inventées par la vanité que par la délicatesse.

Rousseau a été accusé d'hypocrisie, d'abord parce que dans ses ouvrages on a trouvé qu'il soutenoit des opinions exaltées ; tout ce qui est exagéré est faux, disent souvent ceux qui veulent faire croire qu'on est plus loin du but en le passant qu'en n'y arrivant pas ; il y a des personnes exagérées à froid, si je puis le dire, qui, sans être entraînées par degrés, sans y être amenées par la suite de leurs pensées, avancent tout-à-coup une opinion extrême, et se décident à la défendre ; celles-là, c'est un parti qu'elles prennent, et non un mouvement qui les emporte ; d'autres, dans diverses circonstances de leur vie, ou dans les différentes situations qu'elles peignent dans leurs ouvrages, ne se sentant pas l'accent du cœur, le prennent trop haut, dans la crainte de le manquer, celles-là peuvent être accusées d'hypocrisie ; mais celui que le transport de son imagination et de son ame élève au-dessus de lui-même, et surtout peut-être, au-dessus de ceux qui le lisent, celui que son élan emporte, et qui sent un moment ce qu'il n'aura peut-être pas la force de sentir toujours ; est-ce cet homme-là qu'on devroit accuser d'hypocrisie ? Ah ! cette exaltation est le délire du génie ; mais écoutez-le encore ; il se pourroit que quand on l'accuse d'avoir passé le but, il n'eût fait que franchir les bornes ; cependant il faut blâmer Rousseau, s'il manque à cette modération, sans laquelle on ne persuade pas ceux qui croient que la chaleur de l'ame nuit à la justesse de l'esprit ; il faut le blâmer, s'il n'a pas senti que le mouvement moral n'est pas soumis aux lois du mouvement physique, et qu'il n'est pas besoin de le donner plus fort qu'il ne faut pour le communiquer au degré nécessaire; mais pourrois-je le trouver exagéré, si je partageois tous ses sentimens, et si j'adoptois toutes ses opinions? On accuse encore Rousseau d'hypocrisie, en comparant sa conduite avec ses principes : les actions naissent du caractère, et peuvent en donner l'idée ; mais les pensées viennent souvent par inspiration, et l'homme enivré par l'esprit divin qui l'anime, n'est plus lui-même, quoiqu'il soit plus vrai que jamais, et s'abandonne entièrement au sentiment qu'il éprouve en écrivant. Il existe un petit nombre de morceaux d'éloquence, dont le caractère auguste et mesuré, calme et ferme, simple et noble, prouve, sans en pouvoir douter, que leur auteur a toutes les vertus dont il parle ; mais quand on ne trouveroit pas à Rousseau ce genre d'éloquence, quand il seroit vrai qu'il défend les plus grandes, les plus belles, les plus touchantes des vérités, avec un enthousiasme trop poétique, pourroit-on le soupçonner d'hypocrisie? Rousseau hypocrite! Ah! je ne vois dans toute sa vie qu'un homme parlant, écrivant, agissant involontairement; ses actions ne ressembloient pas à ses principes; mais il se rendoit coupable en les appliquant faussement, plutôt qu'en les abandonnant: il sembloit aussi quelquefois que son ame étoit épuisée par ses pensées, et qu'elle n'avoit plus le ressort nécessaire pour agir. Un homme qui l'a beaucoup vu, m'a peint souvent avec quel délice il se livroit au repos le plus absolu. Un jour ils se promenoient ensemble sur les montagnes de la Suisse; ils arrivèrent enfin dans un séjour enchanteur; un espace immense se découvroit à leurs yeux; ils respiroient à cette hauteur, cet air pur de la nature, auquel le souffle des hommes ne s'est pas encore mêlé. Le compagnon de Rousseau espéroit alors que l'influence de ce lieu animeroit son génie; d'avance il l'écoutoit parler; mais Rousseau se mit tout-à-coup à jouer sur l'herbe, comme dans sa première enfance; heureux d'être libre de ses sentimens et de pensées, il n'étoit tourmenté par aucune ..

ses facultés, et ce fut peut-être un des plus doux momens de sa vie. Ne le voit-on pas, dès son enfance, dans une sorte d'égarement de méditation ? ne paroît-il pas marcher comme un aveugle dans la vie, et juger de tout par ses pensées, plus que par ses observations?

Il y a des traits dans ses Confessions, qui révoltent les ames nobles ; il en est dont il inspire l'horreur lui-même par les couleurs odieuses dont son repentir les charge ; sans doute quelques personnes, en finissant cette lecture, ont le droit de s'indigner de ce que Rousseau se croyoit le meilleur de tous les hommes ; mais moi, ce mouvement orgueilleux de Rousseau ne m'a point éloignée de lui, j'en ai conclu qu'il se sentoit bon. Les hommes se jugent eux-mêmes par leur caractère plutôt que par leurs actions ; et il n'y a que ce moyen de connoître un cœur susceptible d'erreurs et de folies. Il est extraordinaire que Rousseau raconte les fautes de tout genre qu'il a commises ; mais si ce n'est pas toujours seulement par franchise, c'est quelquefois, je pense, un tour de force qu'il entreprend : il ressemble à ces bons écrivains, qui essaient de faire passer un mot ignoble dans la langue. J'avoue que je vois avec peine dans ses Confessions, des torts qui tiennent aux habitudes de sa première destinée : mais l'élévation de l'ame est peut-être une qualité qu'une seule faute fait perdre ; elle naît de la conscience de soi, et cette conscience se fonde sur la suite de toute la vie : un seul souvenir qui fait rougir trouble la noble assurance qu'elle inspire, et diminue même le prix qu'on y attache. De tous les vices, il est vrai, la bassesse est celui qui inspire le moins d'indulgence ; l'excès d'une qualité peut être l'origine de tous les autres, celui-là seul naît de la privation de toutes ; mais quoiqu'il y ait dans les mémoires de Rousseau quelques traits qui manquent surement de noblesse, ils ne me paroissent d'accord ni avec son caractère, ni avec le reste de sa vie. On seroit tenté de les prendre pour des actes de folie, pour des absences de tête ; ces traits semblent en lui des bizarreries ; il n'est pas, si l'on peut le dire, l'arbre des fruits qu'il porte ; c'est peut-être le seul homme qui ait été bas par moment ; car c'est de tous les défauts le plus habituel. Ces distinctions paroîtront peut-être trop subtiles pour le justifier : je ne sais pas cependant si dans les contrastes étonnans dont les hommes donnent sans cesse l'exemple, il ne faut pas apprendre à les distinguer par des nuances fines ? Je crois aussi que quand on trouve dans la vie d'un homme des mouvemens et des actions d'une bonté parfaite, lorsque ses écrits respirent les sentimens les plus nobles et les plus vertueux ; lorsqu'il possède un langage dont chaque mot porte l'empreinte de la vérité, on lui doit de chercher le secret de ses torts, de tenir à l'admiration qu'il avoit inspirée, de la retirer lentement. Enfin, les caractères vertueux, comme les caractères vicieux, se reconnoissent mieux par des traits de détail, que par des actions d'éclat. La plupart des hommes, en bien comme en mal, peuvent être une fois différens d'eux-mêmes.

Soit qu'on entende parler de Rousseau à ceux qui l'ont aimé, soit qu'on lise ses ouvrages, on trouve dans sa vie, comme dans ses écrits, des mouvemens, des sentimens qui ne peuvent appartenir qu'aux ames pures et bonnes. Quand on le voit aux prises avec les hommes, on l'aime moins; mais dès qu'on le retrouve avec la nature, tous ses mouvemens répondent à notre cœur, et son éloquence développe tous les sentimens de notre ame. Comme son séjour aux Charmettes est peint délicieusement! comme il étoit heureux dans la paix de la campagne! Les jeunes gens désirent ordinairement le mouvement; ils appellent vivacité le besoin qu'ils en ont; mais les ames vraiment ardentes le redoutent; elles prévoient ce qu'il en coûte pour quitter le repos; elles sentent que le feu qu'on allume peut devorer: mais Rousseau, paisible dans sa retraite, n'éprouvoit point le désir d'exercer son génie; rêver, aimer, suffisoit à ses facultés. Aimer, quel que fût l'objet de sa tendresse, c'étoit sur cet objet qu'il plaçoit ses chimères: ce n'étoit pas à Madame de Warens, c'étoit à l'amour qu'il songeoit: ses sentimens ne le tourmentoient pas; il n'étudioit pas dans les regards de sa maîtresse le degré de passion qu'il lui inspiroit; c'étoit une personne à aimer qu'il lui falloit. Madame de Warens, sans s'en mêler, faisoit son bonheur. Peut-être est-il vrai qu'un grand homme, dominé par le génie de la pensée, que Rousseau, surtout, n'a jamais éprouvé une passion qui vînt uniquement du cœur : elle l'auroit distrait, elle n'auroit pas servi son imagination. Il falloit que les facultés de son esprit fussent pour quelque chose dans ses sentimens ; il falloit qu'il eût besoin de douer sa maîtresse : une femme parfaite auroit été sa meilleure amie, mais non l'objet de son amour. Je suis certaine qu'il n'a jamais fait que des choix bizarres ; je suis certaine aussi que Julie est la personne du monde dont il a été le plus épris ? c'étoit un homme qui ne pouvoit se passionner que pour des illusions ; heureux, si elles n'eussent pas troublé son cœur avec plus de violence que la réalité même. Il étoit né bon, sensible et confiant ; mais lorsque cette cruelle folie de l'injustice et de l'ingratitude des hommes l'eut saisi, il devint le plus malheureux de tous les êtres : ces momens si doux de sa jeunesse, qu'il peignoit avec tant de charmes, ne se renouvelèrent plus ; ses rêveries étoient des espérances, ses rêveries devinrent des regrets. A Turin autrefois, un signe de sa jeune maîtresse ravissoit son cœur, et maintenant le salut d'un vieux invalide, qui semble ne pas le haïr, est le seul bien qu'il envie (1). Mais rappelez-vous combien, dans sa jeunesse, il estimoit les hommes; s'il a plus changé qu'un autre, c'est qu'il s'attendoit moins aux premières lumières qu'il fut forcé de recevoir. Eh! qui donc perd sans douleur l'aveugle bonté de sa jeunesse? qui donc perd sans douleur les riantes espérances, la douce confiance du premier âge de la vie? Rousseau n'a pu le supporter: mais quelle est l'ame sensible dont le cœur se resserre sans peine, et dont l'imagination ne se décolore pas avec regret?

L'on a souvent accusé Rousseau d'être né ingrat; mais je ne sais pas s'il est vrai que son éloignement pour les bienfaits en soit une preuve. Peut-être est-il des cœurs qui sentent

---

(1) On se souvient du tableau charmant que Rousseau fait, dans ses Confessions, de Madame Basile, marchande à Turin, qui lui fit signe avec le doigt dans une glace, de se mettre à genoux devant elle, et dans son Dialogue insensé de *Jean-Jacques avec Rousseau*, du transport qu'il éprouva, lorsqu'un vieux invalide le salua, *n'étant pas encore entré*, dit-il, *dans la conjuration générale contre moi*.

trop ce qu'exige la reconnoissance, pour se soumettre à la devoir à ceux qu'ils n'aiment pas; peut-être en est-il aussi qui trouvent plus de charme dans le sentiment, lorsqu'il naît d'un attrait invincible, d'un choix volontaire, qu'aucun devoir ne commande. On peut craindre que la reconnoissance n'inspire pas assez d'attachement pour ceux qui nous étoient indifférens ; on peut craindre qu'elle ne se mêle trop aux sentimens que nous éprouvons pour nos amis; enfin, ce fier amour de l'indépendance me paroît noble, s'il s'applique aux étrangers, et délicat, s'il regarde les objets de nos affections. Heureux celui qui n'a jamais eu besoin des autres que par le cœur, qui ne s'est soumis que parce qu'il aimoit, et sur qui personne, excepté les auteurs de ses jours, n'eut jamais d'autres droits que ceux qu'ils reçurent de sa tendresse! Rousseau, il est vrai, en se faisant un système de ses principes, avoit le ridicule de toutes ses qualités, et souvent même le tort dont elles approchent alors qu'on les exagère : mais l'ostentation même de cette haine pour les bienfaits a de tels avantages, les preuves qu'il faut en donner, sont si claires et ri rares, qu'on pourroit sans danger se permettre aujourd'hui d'exciter en ce genre la vanité des hommes (1).

On a reproché à Rousseau, car celui que toutes les ames sensibles devoient défendre comme leur propre cause, a trouvé bien des accusateurs, on a reproché à Rousseau d'avoir le désir de se singulariser : est-ce celui qui obtenoit à son gré la palme de la gloire, qui pouvoit souhaiter de se signaler par des bizarreries ? et quand la supériorité de son génie le rendoit si extraordinaire, peut-on croire qu'il cherchoit à l'être par une originalité puérile ? Il vouloit, dit-on, se faire remarquer de toutes les manières possibles, et jamais l'homme n'a tant aimé la solitude ! voyez comme il étoit heureux pendant le tems qu'il passa dans l'île Saint-Pierre ! séjour charmant ! asyle délicieux ! c'est là que l'ame de Rousseau erre encore ; c'est dans les lieux qui excitèrent ses pensées, qu'il faut aller rendre hommage à sa mémoire : que les ames sensibles conçoivent aisément

(1) Est-il possible de ne pas admirer la noble fierté avec laquelle le pauvre Rousseau de Genève refusa constamment la pension que le roi d'Angleterre lui offroit ?

le bonheur qu'on goûtoit dans cette retraite ! Rousseau s'y livroit à ses profondes méditations ; mais d'autres auroient pu s'y abandonner à leurs rêveries ; et tandis qu'il réfléchissoit sur le tems, le monde et la vie, une femme malheureuse eût laissé le calme de la nature pénétrer doucement jusqu'à son cœur.

Les hommes sont peut-être plus faits pour la solitude qu'ils ne pensent. Vers le milieu de la vie, on pourroit s'y trouver heureux ; on ne seroit plus attiré dans le monde par l'espérance ; on porteroit dans la retraite des souvenirs qui rempliroient la pensée ; et la mort seroit encore trop éloignée pour sentir le besoin de s'entourer de vivans.

Rousseau fuyoit ce qu'on appelle la société ; mais il aimoit les paysans, et le mouvement que la vue des hommes répand dans la campagne, lui plaisoit. Les habitans de l'île Saint-Pierre l'adoroient ; ils étoient frappés de sa bonté : les malheureux sont si doux dans un moment de repos ! Rousseau, ravi des simples mœurs de ces paysans, s'abandonnoit de nouveau à sa première estime pour les hommes ; il les retrouvoit semblables à l'idée qu'il s'en étoit faite : il montroit pour les enfans une prédilection extrême ; il avoit tant le besoin d'aimer, que son cœur s'y livroit quand l'objet seulement ne s'y opposoit pas ! pourquoi donc, dans les jardins d'Ermenonville, ne fut-il pas heureux comme dans l'île Saint-Pierre ? pourquoi donc, hélas ! est-ce dans ce séjour qu'il a terminé sa vie ? Ah ! vous qui l'accusiez de jouer un rôle, de feindre le malheur, qu'avez vous dit quand vous avez appris qu'il s'est donné la mort (1) ? C'est à ce prix

(1) On sera peut-être étonné de ce que je regarde comme certain que Rousseau se soit donné la mort. Mais le même Génevois, dont j'ai déjà parlé, reçut une lettre de lui quelque tems avant sa mort, qui sembloit annoncer ce dessein. Depuis, s'étant informé, avec un soin extrême, de ses derniers momens, il a su que le matin du jour où Rousseau mourut, il se leva en parfaite santé, mais dit cependant qu'il alloit voir le soleil pour la dernière fois, et prit, avant de sortir, du café qu'il fit lui-même. Il rentra quelques heures après ; et commençant alors à souffrir horriblement, il défendit constamment qu'on appelât du secours et qu'on avertît personne. Peu de jours avant ce triste jour, il s'étoit apperçu des viles inclinations de sa femme pour un homme de l'état le plus bas : il parut accablé de cette découverte, et resta huit heures de suite sur le

que

que les hommes lents à plaindre les autres, croient à l'infortune. Mais qui put inspirer à Rousseau un dessein si funeste? c'est, m'a-t-on dit, la certitude d'avoir été trompé par la femme qui avoit seule conservé sa confiance, et s'étoit rendue nécessaire en le détachant de tous ses autres liens. Mais peut-être aussi que les longues rêveries finissent par plonger dans le désespoir; les premiers jours sont ravissans; l'on se retrouve, l'on jouit de ses sentimens et de ses pensées: mais peut-on s'arrêter long-tems sur la destinée de l'homme, sans tomber dans la mélancolie? mais surtout y a-t-il des têtes assez fortes pour supporter la vie inactive et la contemplation habituelle? Rousseau accroissoit, par la réflexion, toutes les idées qui l'affligeoient; bientôt un regard, un geste d'un homme qu'il rencontroit, un enfant qui s'éloignoit de lui, lui parurent de

---

bord de l'eau dans une méditation profonde. Il me semble que si l'on réunit ces détails à sa tristesse habituelle, à l'accroissement extraordinaire de ses terreurs et de ses défiances, il n'est plus possible de douter que ce grand et malheureux homme n'ait terminé volontairement sa vie.

nouvelles preuves de cette haine universelle dont il se croyoit l'objet : mais, malgré cette cruelle défiance, il est toujours resté le meilleur des hommes. Il croyoit que tout ce qui l'environnoit conspiroit à lui faire du mal, et jamais la pensée de le rendre ou de le prévenir n'est entrée dans son ame. Il se croyoit destiné à souffrir, et n'agissoit pas contre sa destinée. J'ai vu des hommes qu'il avoit aimés, dont il s'étoit séparé, s'attendrir au souvenir de leur liaison, s'accuser de négligences qui avoient pu faire naître les soupçons de Rousseau, l'aimer dans son injustice, regarder enfin le genre de folie qui le tourmentoit, comme étrangère à lui, comme une barrière qui empêchoit de se rapprocher, mais non de souhaiter de le rejoindre. Les défians, tels qu'on les voit dans le monde, apprennent à juger les hommes d'après ce qu'ils sont eux-mêmes; ils se craignent dans les autres : mais Rousseau n'étoit défiant que parce qu'il ne croyoit plus au bonheur, parce qu'il avoit été tellement convaincu de la parfaite bonté des hommes, que, forcé de n'y plus croire, rien ne lui paroissoit plus certain sur la terre : il l'étoit aussi, parce que sa sublime raison sur les plus grands sujets ne l'empêchoit pas d'être dominé par une idée insensée, de penser qu'il étoit détesté par tous les hommes. Ah! que je trouve durs ceux qui disent qu'il falloit bien de l'orgueil pour se croire ainsi l'objet de l'attention universelle! Quel triste orgueil que celui qui le portoit à penser qu'il n'existoit pas sur la terre un être qui ne ressentît de la haine pour lui! Ah! pourquoi n'a-t-il pas rencontré une ame tendre qui eût mis tous ses soins à le rassurer, à relever son courage abattu; qui l'eût aimé profondément! il eût fini par le croire: le sentiment auquel l'amour-propre ni l'intérêt ne se mêlent point, est si pur, si tendre et si vrai, que chaque mot le prouve, chaque mouvement ne permet plus d'en douter. Ah! Rousseau, qu'il eût été doux de te rattacher à la vie, d'accompagner tes pas dans tes promenades solitaires, de suivre tes pensées, et de les ramener par degrés sur des espérances plus riantes! Que rarement on sait consoler les malheureux! qu'on se met rarement au ton de leur ame! on oppose sa raison à leur égarement, son sang-froid à leur agitation, et leur confiance s'arrête, et leur douleur se retire plus avant encore dans leur cœur. Ne cherchez pas à leur prouver qu'ils n'ont pas de vrais sujets de peines; offrez-leur plutôt quelques nouveaux moyens de bonheur : laissez-les croire à l'infortune qu'ils sentent : les consolerez-vous, en leur apprenant que le malheur qui les accable n'est pas digne de pitié? Ah! si la perte d'un objet passionnément aimé eût causé la tristesse de Rousseau, je ne m'affligerois pas de ce qu'il a péri sans consolations, de ce qu'un être sensible ne lui a pas consacré sa vie! Quelles paroles d'espérance peut-on faire entendre à celui qu'un semblable malheur a frappé? que fait-il sur la terre, qu'attendre la mort? quelles expressions de tendresse peut-on lui adresser? un autre les a prononcées, il s'en servoit pour un autre; elles le font tressaillir de douleur. Quelle société vaut pour lui le souvenir qui ne quitte pas son cœur? quelles jouissances pourroit-il avoir, sans sentir le regret de les éprouver seul? Non, à ce malheur, quand le cœur en connoît l'étendue, la providence ou la mort peuvent seules servir de consolations. Mais le désespoir de Rousseau fut causé par cette sombre mélancolie, par ce découragement de vivre, qui peut saisir tous les hommes isolés, quelle que soit leur destinée. Son ame étoit flétrie par l'injustice; il étoit effrayé d'être seul, de n'avoir pas un cœur près du sien, de retomber sans cesse sur lui-même, de n'inspirer ni de ressentir aucun intérêt, d'être indifférent à sa gloire, lassé de son génie, tourmenté par le besoin d'aimer, et le malheur de ne pas l'être. Dans la jeunesse, c'est du mouvement qu'on cherche, c'est de l'amour qu'il faut; mais vers le déclin de la vie, que ce besoin d'aimer est touchant! qu'il prouve une ame douce et bonne, qui veut s'ouvrir et s'épancher, que la personnalité fatigue, et qui demande à se quitter pour vivre dans un autre! Rousseau étoit aussi tourmenté par quelques remords; il avoit besoin de se sentir aimé pour ne pas se croire haïssable. Etre deux dans le monde, calme tant de frayeurs! les jugemens des hommes et de Dieu ne surprendront pas seul. Rousseau s'est peut-être permis le suicide sans remords; il se trouvoit si peu de chose dans l'immensité de l'univers! on fait si peu de vide à ses propres yeux, quand on n'occupe pas de place dans un cœur qui nous survit, qu'il est possible de compter pour rien sa vie. Quoi! l'auteur de Julie est mort pour n'avoir pas été aimé ! Un jour, dans ces sombres forêts, il s'est dit : *Je suis isolé sur la terre, je souffre, je suis malheureux, sans que mon existence serve à personne ; je puis mourir.* Vous qui l'accusiez d'orgueil, sont-ce des succès qui lui manquoient ? n'en pouvoit-il pas acquérir chaque jour de nouveaux? Mais avec qui les eût-il partagés ? qui en auroit joui pour l'en faire jouir ? Il avoit des admirateurs, mais il n'eut pas d'amis. Ah ! maintenant un inutile attendrissement se mêle à l'enthousiasme qu'il inspire : ses ouvrages, si remplis de vertus, d'amour de l'humanité, le font aimer quand il n'est plus; et quand il vivoit, la calomnie retenoit éloigné de lui ; elle triomphe jusqu'à la mort, et c'est tout ce qu'elle demande. Que le séjour enchanteur où sa cendre repose, s'accorde avec les sentimens que son souvenir inspire ! cet aspect mélancolique prépare doucement au recueillement du cœur que l'hommage qu'on va lui rendre demande. On ne lui a pas élevé en marbre un fastueux mausolée; mais la nature sombre, majestueuse et belle, qui environne son tombeau, semble un nouveau genre de monument qui rappelle et le caractère et le génie de

Rousseau : c'est dans une île que son urne funéraire est placée : on n'en approche pas sans dessein, et le sentiment religieux qui fait traverser le lac qui l'entoure, prouve que l'on est digne d'y porter son offrande. Je n'ai point jeté des fleurs sur cette triste tombe ; je l'ai long-tems considérée les yeux baignés de pleurs : je l'ai quittée en silence, et je suis restée plongée dans la profondeur de la rêverie. Vous qui êtes heureux, ne venez pas insulter à son ombre ! laissez au malheur un asyle, où le spectacle de la félicité ne le poursuive pas. On s'empresse de montrer aux étrangers qui se promènent dans ces bois, les sites que Rousseau préféroit, les lieux où il se reposoit long-tems, les inscriptions de ses ouvrages, d'Héloïse surtout, qu'il avoit gravées sur les arbres ou sur les rochers. Les paysans de ce village se joignent à l'enthousiasme des voyageurs par des louanges sur la douceur, sur la bienfaisance de ce pauvre Rousseau. *Il étoit bien triste*, disent-ils, *mais il étoit bon.* Dans ce séjour qu'il a habité, dans ce séjour qui lui est consacré, on dérobe à la mort tout ce que le souvenir peut lui arracher ; mais l'impression de sa perte n'en est que plus terrible :

on le voit presque, on l'appelle, et les abîmes répondent. Ah! Rousseau, défenseur des foibles, ami des malheureux, amant passionné de la vertu, toi qui peignis tous les mouvemens de l'ame, et t'attendris sur tous les genres d'infortune; digne à ton tour de ce sentiment de compassion, que ton cœur sut si bien exprimer et ressentir, puisse une voix digne de toi s'élever pour te défendre! et puisque tes ouvrages ne te garantissent pas des traits de la calomnie; puisqu'ils ne suffisent pas à ta justification; puisqu'on trouve des ames qui résistent encore aux sentimens qu'ils inspirent pour leur auteur, que l'ardeur de te louer enflamme du moins ceux qui t'admirent!

Les larmes des malheureux effacent chaque jour les simples inscriptions que l'amitié fit graver sur la tombe de Rousseau. Je demande que la reconnoissance des hommes qu'il éclaira, des hommes dont le bonheur l'occupa toute sa vie, trouve enfin un interprête. Quel est le grand homme qui pourroit dédaigner d'assurer la gloire d'un grand homme? Qu'il seroit beau de voir dans tous les siècles cette ligue du génie contre l'envie! que les hommes supérieurs, qui prendroient la défense des hommes supérieurs qui les auroient précédés, donneroient un sublime exemple à leurs successeurs ! le monument qu'ils auroient élevé serviroit un jour de piédestal à leur statue ! Si la calomnie osoit aussi les attaquer, ils auroient d'avance mis en défiance contre elle, émoussé ses traits odieux; et la justice que leur rendroit la postérité, acquitteroit la reconnoissance de l'ombre abandonnée, dont ils auroient protégé la gloire.

FIN.

TABLE

FIN DE LA TABLE.

www.ingramcontent.com/pod-product-compliance
Ingram Content Group UK Ltd.
Pitfield, Milton Keynes, MK11 3LW, UK
UKHW021104220726
13924UKWH00004B/1503

9 782019 646646